Governança Corporativa em Empresas Estatais Listadas

Governança Corporativa em Empresas Estatais Listadas

AS EXPERIÊNCIAS DE NOVA ZELÂNDIA, ÍNDIA, ARGENTINA E ARÁBIA SAUDITA

2020

Liana Issa Lima

ALMEDINA

GOVERNANÇA CORPORATIVA EM EMPRESAS ESTATAIS LISTADAS
AS EXPERIÊNCIAS DE NOVA ZELÂNDIA, ÍNDIA, ARGENTINA E ARÁBIA SAUDITA

AUTOR: Liana Issa Lima

DIRETOR ALMEDINA BRASIL: Rodrigo Mentz
EDITORA JURÍDICA: Manuella Santos de Castro
EDITOR DE DESENVOLVIMENTO: Aurélio Cesar Nogueira
ASSISTENTES EDITORIAIS: Isabela Leite e Larissa Nogueira

REVISÃO: Paula Brito Araújo e Lyvia Felix
DIAGRAMAÇÃO: Almedina
DESIGN DE CAPA: Roberta Bassanetto

ISBN: 9786556271576
Dezembro, 2020

Dados Internacionais de Catalogação na Publicação (CIP)
(Câmara Brasileira do Livro, SP, Brasil)

Lima, Liana Issa
Governança corporativa em empresas estatais listadas : as experiências de Nova Zelândia, Índia, Argentina e Arábia Saudita / Liana Issa Lima. — São Paulo : Almedina, 2020.

ISBN 978-65-5627-157-6

1. Empresas estatais 2. Governança corporativa I. Título.

20-48083 CDU-658.4

Índices para catálogo sistemático:

1. Governança corporativa : Empresas : Administração executiva 658.4

Cibele Maria Dias - Bibliotecária - CRB-8/9427

Este livro segue as regras do novo Acordo Ortográfico da Língua Portuguesa (1990).

EDITORA: Almedina Brasil
Rua José Maria Lisboa, 860, Conj.131 e 132, Jardim Paulista | 01423-001 São Paulo | Brasil
editora@almedina.com.br
www.almedina.com.br

Aos meus avós, Svetlana e Habib.

PREFÁCIO

O estilo do capitalismo brasileiro tem sido profundamente marcado pela presença de empresas estatais. Entre elas, merecem destaque as grandes sociedades de economia mista listadas em bolsas de valores. Tais companhias, que incluem gigantes como Petrobras e Banco do Brasil, assim como diversas sociedades sob controle dos governos estaduais, representam proporção significativa da capitalização de mercado no Brasil. Não obstante a onda de privatizações dos anos 1990, a relevância das sociedades de economia mista persiste. Na última década, muitas privatizações têm sido parciais, redundando em novas sociedades com semelhante estrutura acionária, não raro como parte de estruturas piramidais que alavancam o poder político do Estado relativamente à sua participação econômica.

As empresas estatais listadas têm ainda ocupado papel central em muitos dos principais acontecimentos da vida política e econômica nacional, do escândalo do Mensalão à operação Lava Jato, da intervenção acentuada no setor elétrico às pedaladas fiscais que foram objeto do processo de impeachment presidencial. Esses exemplos bem ilustram as dificuldades em se conciliar o controle estatal com a presença de investidores privados, assim com os correspondentes riscos de má gestão, corrupção e intervenções de natureza política. É certo, também, que esses problemas não são exclusivos do Brasil, mas potencialmente presentes nos diferentes países que recorrem às sociedades de economia mista. Também é verdade que – apesar do evidente potencial para conflitos – as empresas estatais listadas não desapareceram desde a sua expansão no início do século XX, conforme previram alguns doutrinadores, mas, ao contrário, têm até mesmo se proliferado em tempos recentes.

Como, então, mitigar os riscos e maximizar os potenciais benefícios de tais empresas? Quais os arranjos de governança que os diferentes países têm utilizado para as suas sociedades de economia mista? Qual a relação entre os diferentes arranjos e a modalidade de capitalismo prevalente em um dado contexto? Em que medida a experiência estrangeira pode aguçar a nossa imaginação institucional no desenho de soluções para os desafios próprios da realidade brasileira?

São justamente essas as questões fundamentais que este excelente trabalho comparativo de Liana Issa Lima busca responder. Liana primeiramente se aproximou do tema da governança das empresas estatais em virtude de sua atuação profissional como Consultora Legislativa da Câmara dos Deputados. Nessa posição, contribuiu para o processo legislativo que culminou na edição da Lei n. 13.303, de 2016, a qual estabelece, segundo previsão constitucional, regras próprias de contratação e governança para as empresas estatais. Durante o debate legislativo, Liana também pôde perceber a escassez de estudos sofisticados sobre o tema.

Apesar da importância econômica e social das empresas estatais listadas ao redor do mundo, pouco se sabe sobre os arranjos institucionais que lhes são aplicáveis. No trabalho "Governance Challenges of Listed State-Owned Enterprises around the World: National Experiences and a Framework for Reform", o Professor Curtis Milhaupt da Stanford Law School e eu havíamos examinado os modelos de governança de empresas estatais listadas em vários países que têm recorrido a esse tipo de estrutura organizacional em diferentes momentos históricos: França, Estados Unidos, Noruega, Colômbia, Japão, Singapura e China, além do nosso Brasil. A pesquisa revelou a grande multiplicidade de modelos institucionais disponíveis, com diferentes níveis de sucesso.

A presente obra de Liana Issa Lima busca precisamente ampliar o leque de experiências institucionais comparadas tendo em vista a melhor compreensão e aprimoramento dos arranjos de governança no Brasil e no mundo. Para tanto, o trabalho estende o leque de experiências examinadas para abranger novos e diferentes contextos – Nova Zelândia, Índia, Argentina e Arábia Saudita –, países com diferentes modelos econômicos, graus de desenvolvimento econômico e modelos de sistema político. Os resultados são inovadores na literatura e contribuem sobremaneira para a reflexão sobre o espectro de arranjos institucionais aplicáveis às empresas estatais listadas.

Este livro, Governança corporativa em empresas estatais listadas: As experiências de Nova Zelândia, Índia, Argentina e Arábia Saudita, apresenta versão revisada e atualizada do trabalho originalmente apresentado como dissertação de Mestrado Acadêmico na Escola de Direito de São Paulo da Fundação Getulio Vargas (FGV DIREITO SP), sob minha orientação. Desde então, Liana também concluiu com sucesso LL.M. na Harvard Law School, onde teve a oportunidade de se aprofundar ainda mais seus estudos sobre governança corporativa comparada. A obra contempla inclusive atualizações do trabalho para refletir acontecimentos e desafios decorrentes da pandemia de Covid-19. A leitura desta valiosa publicação é altamente recomendada para operadores do Direito, acadêmicos e formuladores de políticas públicas interessados pelo tema das empresas estatais listadas, assunto verdadeiramente central na realidade econômica e política nacional.

Mariana Pargendler
Professora Associada da Escola de Direito de São Paulo
da Fundação Getulio Vargas (FGV DIREITO SP)

SUMÁRIO

INTRODUÇÃO

Os desafios inerentes à intervenção do Estado na economia via empresas estatais são objeto de longo debate acadêmico, sob diferentes óticas. No entanto, a literatura disponível sobre os arranjos de governança corporativa para empresas estatais é relativamente escassa, destacando-se os textos elaborados e divulgados pelo Banco Mundial e pela Organização para Cooperação e Desenvolvimento Econômico (OCDE),[1] os quais costumam ter tom mais descritivo e prescritivo que crítico.

Escândalos empresariais envolvendo empresas estatais brasileiras e a edição no país da Lei n. 13.303/2016, que traz regras de governança e parâmetros de contratação para elas, reacenderam o debate sobre o modelo mais adequado para conformar a atuação do Estado como acionista e levantam questionamentos sobre como outras jurisdições têm lidado com o tema.

Com o intuito de restringir o escopo de pesquisa, o foco recairá sobre os desafios inerentes às empresas estatais listadas. A partir de quatro estudos de caso, este trabalho tentará identificar os arranjos institucionais desenvolvidos para responder ao desafio de evitar abusos do Estado no papel de controlador. Para tanto, serão analisados leis, normas infralegais, regras de listagem, guias de governança corporativa específicos para o setor, histórico recente, documentos societários (prospectos, relatórios anuais e estatutos sociais), entre outros aspectos de relevância para a compreensão de como o ambiente institucional no qual operam tais empresas

[1] Parte da produção literária da OCDE está disponível em http://www.oecd.org/daf/ca/soemarket.htm. Acesso em: 3 out. 2017.

é moldado e que soluções são adotadas para os problemas de governança corporativa enfrentados.

O primeiro capítulo justifica a escolha de uma abordagem comparada, esclarece as estratégias de pesquisa, expõe os motivos que levaram à escolha de cada uma das jurisdições eleitas para os estudos de caso (ou narrativas de experiências internacionais), apresenta as bases teóricas para compreensão da atuação do Estado como acionista controlador em empresas listadas e discorre sobre a relevância das chaves de observação, extraídas do trabalho de Milhaupt e Pargendler "Governance Challenges of Listed State-Owned Enterprises Around the World: National Experiences and a Framework for Reform",[2] para compreensão do tema.

O segundo capítulo traz os quatro estudos de caso: Nova Zelândia, Índia, Argentina e Arábia Saudita.

Por fim, o terceiro capítulo busca complementar o quadro comparativo de Milhaupt e Pargendler, retoma avanços normativos sobre governança corporativa de empresas estatais e apresenta alguns desafios recentes vivenciados no Brasil. Depois, com base nas experiências das demais jurisdições analisadas e em preceitos gerais de governança, busca-se analisar a viabilidade de extrair lições potencialmente aproveitáveis por legisladores e reguladores brasileiros.

[2] MILHAUPT, C. J.; PARGENDLER, M. Governance Challenges of Listed State-Owned Enterprises Around the World: National Experiences and a Framework for Reform. *Cornell International Law Journal*, v. 50, n. 3, 2017. Disponível em: https://scholarship.law.cornell.edu/cilj/vol50/iss3/3/. Acesso em: 23 ago. 2020.

Capítulo 1
Governança Corporativa em Empresas Estatais em Abordagem Comparada

1. O porquê da escolha pela abordagem comparada

A decisão por adotar uma perspectiva comparada é fruto da constatação de que empresas estatais com relevante participação na economia doméstica não são uma peculiaridade brasileira. De fato, empresas estatais têm influência crescente na economia global: na última década, a participação dessas companhias cresceu, no índice Fortune Global 500, de 9% em 2005 para 23% em 2014.[1] Em países desenvolvidos, a participação do Estado em empresas estatais listadas representa, em média, 6% da capitalização total do mercado. Esse número é de três a quatro vezes superior quando levados em consideração países de economia emergente.[2]

Dados de 2019 indicam que 14% da capitalização do mercado global está nas mãos do setor público, seja diretamente, via participação acionária, seja indiretamente, via fundos públicos soberanos. De acordo com o relatório da OCDE sobre propriedade acionária de ações em escala global, o Estado é acionista controlador nas 10% maiores companhias do mundo.[3]

[1] PWC. *State-Owned Enterprises Catalysts for public value creation?* PWC, 2015. p. 9.

[2] OECD. *Broadening the Ownership of State-Owned Enterprises*: A Comparison of Governance Practices. Paris: OECD Publishing, 2016. p. 7.

[3] DE LA CRUZ, A., MEDINA, A. e TANG, Y. *Owners of the World's Listed Companies*. Paris: OECD Capital Market Series, 2019.

O cenário futuro permite inferir que essa participação tende a aumentar. As respostas propostas por variados governos, incluindo Alemanha e França, à crise econômica decorrente da pandemia do vírus Covid-19 envolvem a injeção de fundos públicos em companhias em troca de participação acionária ou mesmo a nacionalização de empresas.[4]

Dilemas relativos à melhor forma de regular empresas estatais listadas são, portanto, tópico de discussão em várias outras jurisdições. Analisar como outros legisladores e reguladores têm enfrentado tais dilemas e as soluções por eles adotadas viabiliza uma compreensão mais apurada do enfrentamento à questão. Como afirmam Milhaupt e Pargendler, mais do que julgar se experimentos institucionais funcionam ou não, a força motriz da abordagem comparada está em desenvolver um olhar mais crítico e rico quanto às possibilidades de experimentação institucional.[5]

Atualmente, os principais divulgadores da importância de melhores práticas de governança em empresas estatais são a OCDE e o Banco Mundial. As Diretrizes de Governança Corporativa para Empresas Estatais da OCDE de 2015 são organizadas em torno de seis diretrizes[6] principais,

[4] ENRIQUES, L. Extreme times, Extreme Measures: Pandemic-Resistant Corporate Law. *Oxford Business Law Blog*, 22 abr. 2020. Disponível em: https://www.law.ox.ac.uk/business-law-blog/blog/2020/04/extreme-times-extreme-measures-pandemic-resistant-corporate-law. Acesso em: 29 abr. 2020.

[5] "We therefore approach the foreign narratives as an instrument for institutional critique and imagination in the hope of providing policymakers with ideas about a range of governance arrangements that go beyond those usually considered in domestic circles and international organizations" (MILHAUPT, C. J.; PARGENDLER, M. Governance Challenges of Listed State-Owned Enterprises Around the World: National Experiences and a Framework for Reform. *Cornell International Law Journal*, v. 50, n. 3, p. 6, 2017).

[6] A Diretriz 1 define que "[o Estado] deve avaliar cuidadosamente e divulgar os objetivos que justificam a propriedade estatal e submetê-los a uma crítica permanente". A Diretriz 2 defende que "[o] Estado deve agir como um proprietário informado e ativo, garantindo que a governança das EEs seja conduzida de forma transparente e responsável, com um elevado grau de profissionalismo e efetividade". A Diretriz 3, que "[c]onsistente com a lógica de propriedade estatal, o arcabouço legal e regulatório das EEs deve assegurar um nível de igualdade e concorrência justa no mercado, quando as EEs empreenderem atividades econômicas". A Diretriz 4 estipula que "[n]os casos das EEs listadas, ou que incluam entre seus proprietários investidores não estatais, o Estado e as empresas devem reconhecer os direitos de todos os acionistas e assegurar-lhes equidade de tratamento e igualdade de acesso às informações corporativas". A Diretriz 5 estabelece que as "[a] política de propriedade estatal deve reconhecer plenamente as responsabilidades das EEs junto às partes interessadas e solicitar que as EEs reportem sobre suas relações com as partes interessadas. Ela deve deixar claras todas as expectativas que o Estado tem com respeito à conduta empresarial responsável das EEs". Por fim, a Diretriz 6 define que "[a]s empresas estatais

que podem ser concentradas em cinco eixos centrais: o Estado deve agir como um proprietário ativo e informado; o Estado não deve intervir na administração da companhia e deve respeitar a independência do conselho; o regime legal e regulatório para empresas públicas deve assegurar tratamento igualitário a empresas públicas e privadas; acionistas privados devem ser tratados de forma equânime e a eles devem ser conferidos todos os direitos inerentes a investidores; e empresas públicas devem observar níveis elevados de transparência e estar sujeitas aos mesmos padrões de divulgação, contabilidade e conformidade que companhias privadas.[7]

Apesar de elogiarem a iniciativa de organizações internacionais de consolidar em diretivas os princípios gerais de governança corporativa específicos para empresas estatais, Milhaupt e Pargendler ressalvam que, "ainda que as diretrizes de organizações internacionais enunciem inúmeros objetivos, elas contêm comparativamente poucas orientações sobre as práticas institucionais necessárias para alcançá-los",[8] ou seja, as diretrizes seriam mais aptas a indicar um "destino final" que o caminho para o alcançar.

Os autores ressalvam ainda o fato de as diretrizes refletirem um ponto de vista particular, no sentido de que empresas estatais deveriam estar submetidas ao mesmo regramento jurídico que empresas privadas.[9] Ou seja, as diretrizes refletem, em determinados aspectos, um posicionamento da OCDE não unanimemente aceito pela doutrina e, portanto, passível de contestação.[10]

devem observar elevados padrões de transparência e estar sujeitas aos mesmos altos padrões de qualidade para a contabilidade, divulgação, conformidade e normas de auditoria das empresas listadas". OECD. *Diretrizes da OCDE sobre Governança Corporativa de Empresas Estatais*. Paris: OECD Publishing, 2018, p. 19-27.

[7] MILHAUPT e PARGENDLER (2017, p. 50).

[8] MILHAUPT e PARGENDLER (2017, p. 44).

[9] MILHAUPT e PARGENDLER (2017, p. 44-45). As objeções apresentadas pelos autores são esclarecidas em três pontos: 1) a centralização do exercício do direito de propriedade pelo Estado na empresa estatal, defendida pela OCDE, não seria o único antídoto efetivo para lidar com os problemas relacionados ao Estado como acionista controlador, a exemplo de interferência política na administração da estatal e busca por objetivos não comercias; 2) "a existência de um regime legal unitário para empresas privadas e públicas poderia ter sérias consequências políticas e econômicas se os interesses do Estado como acionista controlador ofuscarem o conteúdo e distorcer o desenvolvimento da legislação societária e de outros regimes de regulação do mercado, a exemplo da lei de concorrência"; e 3) "as diretrizes da OCDE simultaneamente ressaltam a importância de uma participação ativa na estatal, por parte do Estado, e a necessidade de se evitar interferência política em sua administração; há, no entanto uma tensão permanente entre esses dois conceitos".

[10] Sobre esse tema, ver PARGENLDER, M. *Evolução do direito societário*: lições do Brasil. São Paulo:

De fato, ainda que diretrizes internacionais tenham um importante papel indutivo na produção de normas domésticas, peculiaridades locais dificilmente são deixadas de lado, mesmo quando da tentativa de importação de institutos. A noção de que, com a globalização, haveria convergência de sistemas jurídicos não se mostrou tão acurada.[11] A análise de casos como o Mannesmann, na Alemanha, e o SK, na Coreia do Sul,[12] ressalta a resistência à adoção integral de diretrizes gerais de governança corporativa mesmo em países com elevado grau de desenvolvimento.

Milhaupt e Pistor afirmam que as teorias evolucionárias são mais coerentes na teoria que na prática,[13] de modo que a noção de que ordenamentos jurídicos teriam um resultado eficiente com a importação de institutos e leis não seria inteiramente factível. Para os autores, por mais que os esforços de harmonização e de padronização de boas práticas sejam bem-intencionados, poderiam ter por efeito colateral indesejado atrofiar o desenvolvimento de institutos locais eficientes e mais adequados à realidade do país.[14]

FGV-Direito SP: Saraiva, 2013. p. 169-222. Já Marinho e Schapiro defendem que "Estes dilemas, conflitos e alianças confirmam em concreto que a governança das posições corporativas das empresas estatais é incomparavelmente mais difícil do que o verificado em uma empresa privada. Diferentemente de uma sociedade anônima privada, uma sociedade de economia mista conjuga diferentes interesses no lugar do 'principal' e uma diversidade de possibilidades para os 'agentes'. Não por acaso, o marco regulatório existente ainda não foi capaz de apresentar parâmetros seguros para a composição satisfatória das posições societárias nestas companhias. *Da mesma forma, guias de boas práticas, como os elaborados pela OCDE, pecam pelo seu caráter reducionista porque estabelecem balizas que tomam as empresas privadas como um parâmetro – uma analogia que parece ser imprópria*" (grifei). MARINHO, S. M. M.; SCHAPIRO, M. G. Conflito de interesses nas empresas estatais: uma análise dos casos Eletrobras e Sabesp. *Revista Direito e Práxis*, Rio de Janeiro, p. 27, 2017.

[11] Para uma discussão sobre teoria da convergência e transplantes legais no direito societário geral, ver GELTER, M.; HELLERINGER, G. Opportunity Makes a Thief: Corporate Opportunities as Legal Transplant and Convergence in Corporate Law. *European Corporate Governance Institute (ECGI) – Law Working Paper n. 378*, 2017.

[12] MILHAUPT, C. J.; PISTOR, K. *Law and Capitalism*: What Corporate Crises Reveal about Legal Systems and Economic Development around the World. Chicago: University of Chicago Press, 2008. Capítulos III e VI.

[13] Nas palavras dos autores, teorias evolucionárias seriam "accurate only in broad strokes and misleading in many respects" (MILHAUPT, C. J.; PISTOR, K. *Law and Capitalism*: What Corporate Crises Reveal about Legal Systems and Economic Development around the World. Chicago: University of Chicago Press, 2008. Capítulos III e VI. p. 203).

[14] No mesmo sentido, Hopft alerta que, ainda que a importação de regras de governança corporativa seja a resposta usualmente adotada por legisladores e reguladores a escândalos e crises, a adoção de normas estrangeiras não é capaz de gerar grandes impactos se em discordância com as especificidades do sistema de governança corporativa locais ("All countries have experienced and are still experiencing crises and scandals of corporate governance. However, the problems

A busca por fontes de pesquisa diretas em outros países representa, portanto, uma tentativa de contornar as deficiências mencionadas. Mais do que apresentar resultados finais ou *status* atual das práticas de governança corporativa em empresas estatais nos países analisados, a perspectiva comparada possibilita tentar extrair o *road map* (ou processo) que viabilizou o alcance de determinado desenho institucional.

Assim, este trabalho visa fortalecer o estoque de conhecimento sobre o tema, ao buscar em outras jurisdições alternativas institucionais adotadas como respostas ao desafio de lidar com empresas estatais listadas, alargando, portanto, o cardápio de opções regulatórias, além de constituir uma tentativa de ampliação da imaginação institucional. O trabalho tem também o potencial, mas obviamente enfrenta as dificuldades, de ser utilizado na formulação de políticas públicas por autoridades brasileiras.

2. Metodologia: estratégia de pesquisa e justificativa às jurisdições escolhidas

Este trabalho retoma e amplia para outras jurisdições a pesquisa realizada pelos professores Curtis J. Milhaupt e Mariana Pargendler sobre governança corporativa em empresas estatais listadas, intitulado "Governance Challenges of Listed State-Owned Enterprises Around the World: National Experiences and a Framework for Reform".[15]

Com o objetivo de "contribuir para discussões sobre alternativas institucionais disponíveis para gestores públicos brasileiros num momento em que o próprio desenho regulatório brasileiro é repensado",[16] os autores se basearam em pesquisas e documentos para formular narrativas analíticas sobre sete jurisdições: França, Estados Unidos, Noruega, Colômbia, Japão, Singapura e China. Além disso, os autores fizeram uma breve descrição

are not necessarily identical, and adequate answers and reforms are even less uniform. While legislators and regulators often tend simply to imitate responses emerging in other countries in the vague hope that they will also benefit their own system, it is rather the characteristic features of the corporate governance system of each country that help to understand its unique crises and scandals. Reform proposals in particular go astray if one does not understand how the unique combination of economic, legal and social determinants of corporate governance functions in each country" (FLECKNER, A.; HOPT, K. (ed.). *Comparative Corporate Governance*: A Functional and International Analysis (International Corporate Law and Financial Market Regulation). Cambridge: Cambridge University Press, 2013).

[15] MILHAUPT e PARGENDLER (2017).

[16] MILHAUPT e PARGENDLER (2017, p. 1, tradução livre).

e análise crítica dos princípios para governança corporativa publicados pela OCDE e pelo Banco Mundial. A terceira parte do trabalho é destinada a extrair padrões de comportamento e lições que emergem das experiências internacionais. Por fim, a parte final conclui com recomendações para governança em empresas estatais no Brasil.

O trabalho de Milhaupt e Pargendler centrou-se na análise do contexto em que inseridas estatais listadas de sete países: França, Estados Unidos, Noruega, Colômbia, Japão, Singapura e China. Entre os argumentos utilizados pelos autores para justificar suas escolhas estão: 1) a amostra de países foi considerada de especial relevância para o Brasil; 2) tanto na Noruega quanto na Colômbia, à semelhança do Brasil, existem importantes estatais atuando na indústria do petróleo; 3) Singapura e Noruega são referências internacionais no tratamento conferido a suas empresas estatais; 4) a China é um importante país em desenvolvimento no qual estatais desempenham função relevante na economia; 5) a França é um país em estágio de desenvolvimento mais avançado, no qual estatais têm importante papel na política econômica, além de o país ter historicamente influenciado instituições brasileiras; 6) Estados Unidos e Japão foram incluídos pelo tamanho e importância de suas economias (além disso, os Estados Unidos são vistos como líder na promoção dos preceitos de governança corporativa, e o Japão privatizou parcialmente companhias importantes, em um processo ainda em trâmite).[17]

Com o intuito de expandir o trabalho utilizado como referência para este, selecionou-se uma amostra contendo quatro outros países a serem analisados: Nova Zelândia, Índia, Argentina e Arábia Saudita. Apesar de os critérios prévios para seleção terem sido semelhantes aos adotados por Milhaupt e Pargendler, uma gama de países poderia ter sido escolhida a partir deles; por isso, a seguir, busca-se explicitar os motivos que justificam o fato de determinados países integrarem o rol de análise do trabalho.

Tomando emprestada a terminologia de Seawright, a principal preocupação a guiar a seleção dos casos que comporiam a amostra foi a diversidade. A estratégia de seleção de casos por diversidade "tem o objetivo primário de atingir a maior variância em relação a dimensões consideradas relevantes"[18] para o trabalho. Seguindo essa lógica, buscou-se selecio-

[17] MILHAUPT e PARGENDLER (2017, p. 2).

[18] SEAWRIGHT, J. Case-Selection Techniques in Case Study Research: A Menu of Qualitative and Quantitative Options. *Political Research Quarterly*, v. 61, p. 300, 2008. Tradução livre.

nar países com níveis distintos de desenvolvimento político, econômico e social, tradições jurídicas diversas (*common law* e *civil law*) e territorialmente afastados.

Algumas barreiras impuseram limitações na escolha de jurisdições. Entre as que mais tiveram peso na seleção dos países estão: explorar para além dos países já abordados no texto de Milhaupt e Pargendler, barreiras linguísticas, disponibilidade de literatura, efetiva e relevante existência de empresas estatais listadas na jurisdição.

Chile e Canadá, por exemplo, haviam sido cogitados como jurisdições a serem analisadas. No entanto, a pesquisa sobre tais países não foi frutífera. Em relação ao Chile, foram encontradas apenas duas empresas estatais listadas, com baixa relevância político-econômica. No caso do Canadá, ainda que haja diversas empresas estatais em pleno funcionamento no país, aparentemente a estratégia de listagem não tem sido utilizada. México e Peru são dois outros países que se imaginou poderem ser fontes ricas de observações, mas, depois de breve pesquisa inicial, foram preteridos em detrimento da amostra atual, dado que as empresas estatais listadas neles existentes possuem comparativamente menor relevância político-econômica.

Relevância da Nova Zelândia. O país recentemente implementou diversas medidas constantes do programa Mixed Ownership Model (MOM), por meio do qual o Estado pretendia reduzir gradativamente sua participação na estatal listada Air New Zealand (a participação inicial no capital votante de 75% deverá ser restrita a 51%),[19] e promoveu a abertura de capital de três outras: Mighty River Power, Meridian Energy e Genesis Energy.[20] Os objetivos do programa são:

> liberar recursos para que o governo possa investir em áreas prioritárias (sem aumentar a necessidade de empréstimos extra), melhorar o *pool* de investimentos disponíveis a investidores neozelandeses e diversificar

[19] Em abril de 2020, o governo neozelandês era proprietário de 52% das ações ordinárias da Air New Zealand, segundo o *site* oficial da empresa. AIR NEW ZEALAND. Frequently Asked Questions. Disponível em: https://www.airnewzealand.co.nz/investor-centre-frequently-asked-questions. Acesso em: 21 abr. 2020.

[20] THE TREASURY. Mixed Ownership Model for Crown Companies. 27 mar. 2018. Disponível em: http://www.treasury.govt.nz/publications/informationreleases/mixedownership. Acesso em: 14 nov. 2016.

> o mercado de capitais local, permitir que companhias tenham acesso a recursos e cresçam sem depender excessivamente do governo e permitir uma maior disciplina de mercado e transparência na performance das companhias via supervisão externa.[21]

Os motivos para seleção do país incluem, portanto, a atualidade da reforma e a existência de um ambiente institucional "modelo".[22]

Relevância da Índia. Atualmente, o país possui um significativo número de empresas estatais centrais listadas: um total de 68 companhias. Como base de comparação, basta mencionar que todos os países-membros da OCDE reunidos contam com um total de 58[23] empresas estatais listadas. Geralmente associada ao Brasil por meio do grupo BRICS, o país compartilha de realidades semelhantes no tocante a desafios para superação de patamares de desenvolvimento político, social e econômico. De relevância para este trabalho, a experiência indiana com listagem de empresas estatais promovida especialmente entre 2009 e 2013 pode trazer lições importantes para o país. Trata-se de um processo ainda em andamento, tendo o Departamento de Investimento do Ministério da Fazenda Indiano externado o plano de listar todas as empresas estatais superavitárias.[24]

Tanto Índia quanto Nova Zelândia foram objeto de análise no trabalho "Broadening the Ownership of State-Owned Enterprises A Comparison of Governance Practices",[25] publicado em 2016, pela OCDE, que aborda os recentes processos de abertura de capital de empresas públicas em algumas jurisdições. O presente trabalho buscará aprofundar e expandir a análise feita pela OCDE, no tocante a esses dois países,

[21] OECD (2016, p. 73).

[22] A Nova Zelândia ocupa a primeira colocação no Ranking Doing Business, divulgado anualmente pelo Banco Mundial (WORLD BANK. *Doing Business 2018*: reforming to create jobs. Doing Business 2018. Washington, D.C.: World Bank Group, 2017). Apesar das ressalvas quanto ao fato de organizações internacionais também possuírem agenda política própria e de os critérios de ranqueamento por elas utilizados serem passíveis de críticas, ainda assim, o Ranking Doing Business evidencia a percepção de que o país possui um bom nível de governança geral. Sobre suspeitas de vieses políticos na divulgação do índice, ver BONNEFOY, P.; LONDONO, E. Chile Slams World Bank Amid Charges of Political Bias. *NY Times*, 13 jan. 2018. Disponível em: https://www.nytimes.com/2018/01/13/world/americas/chile-world-bank-michelle-bachelet-augusto-lopez-claros.html. Acesso em: 28 mar. 2017.

[23] OECD (2016, p. 15).

[24] OECD (2016, p. 63-64).

[25] OECD (2016).

e acompanhará o desenrolar dos processos de abertura de capital abordados na publicação.

Relevância da Argentina. Nação vizinha com o maior fluxo de comércio internacional com o Brasil, a Argentina surpreendeu o mundo ao expropriar, em 2012, a principal empresa estatal do país, a petrolífera YPF, listada na Bolsa de Valores e na Bolsa de Nova Iorque desde o início da década de 1990. O fato de o país contar com apenas uma empresa estatal com participação estatal majoritária listada não diminui a relevância do estudo de caso. Antes, a representatividade do valor de mercado da YPF em face dos volumes negociados na Bolsa local, as disputas políticas internas e externas que seguiram a reestatização da companhia e as reações externadas pelos órgãos de controle doméstico tornam a análise rica para extração de observações quanto aos riscos e custos políticos de se ter o Estado como acionista controlador de uma companhia. Semelhanças (ou diferenças) na tradição jurídica e nas peculiaridades do contexto do desenvolvimentismo latino-americano[26] foram fatores também levados em consideração quando da sua inserção na amostra.

Relevância da Arábia Saudita. A notícia de que a Arábia Saudita pretendia abrir a Aramco à participação privada gerou comoção global e levou a Financial Conduct Authority (FCA), regulador financeiro independente do governo inglês, a propor a criação de um segmento *premium* especial de listagem para acomodar as peculiaridades de empresas estatais que decidam abrir seu capital.[27] Em dezembro de 2019, depois de decidir-se pela

[26] "No caso da América Latina, a consolidação do paradigma de 'rule of law' foi precipitada pela crise dos programas desenvolvimentistas e pela consequente desorganização econômica registrada em boa parte de seus países, acometidos por altíssimas taxas de inflação e pela restrição na capacidade de realização de investimentos públicos. Ultrapassada a década de 1980, em uma espécie de transição desde um modelo de desenvolvimento baseado na coordenação pública e na substituição de importações, países como o Brasil e Argentina inauguraram, na década de 1990, um audacioso programa de reformas econômicas, orientadas para a promoção do ambiente de mercado, semelhante ao que já havia sido realizado no Chile. Os alvos principais dessas reformas foram a diminuição do déficit fiscal, a redução da abrangência regulatória do estado, entendida como um fator de limitação ao florescimento de investimentos privados, e, ainda, a melhoria do ambiente de negócios, por meio de dispositivos de proteção a investidores e alterações no funcionamento judicial – considerado excessivamente moroso" (SCHAPIRO, M. G. Repensando a relação entre Estado, direito e desenvolvimento: os limites do paradigma *rule of law* e a relevância das alternativas institucionais. *Revista Direito GV (on-line)*, v. 6, n. 1, p. 222, 2010).

[27] As principais modificações propostas dizem respeito às transações com partes relacionadas e ao papel do Estado como acionista controlador: "The new premium listing category would

listagem doméstica em Riad, a abertura de capital da Aramco tornou-se a maior oferta pública da história, arrecadando U$ 24,4 bilhões[28] e levando a avaliação do valor de mercado da empresa a atingir quase U$1.9 trilhão durante aquele mês. A listagem de uma empresa estatal não é, entretanto, iniciativa pioneira no país. Desde 2002, a Arábia Saudita privatizou 22 empresas estatais,[29] e a diversificação da economia doméstica faz parte de um ousado plano denominado "Visão Saudita 2030". Dados da OCDE apontam que esse país tem sete companhias de participação estatal majoritária listadas.[30] Dada a importância geopolítica do país, a compreensão de como o Estado saudita se comporta como acionista controlador pode ser enriquecedora para esta obra.

O primeiro passo a ser dado na elaboração do trabalho consiste em realizar um levantamento de dados sobre os países a serem analisados. Por dados, entende-se um conjunto de cinco diferentes fontes de informação: 1) normas (leis, normas infralegais, princípios não vinculantes de governança corporativa editados por bolsas de valores locais ou associações que promovam o preceito, estatutos sociais das empresas públicas listadas no país); 2) trabalhos acadêmicos sobre governança corporativa e empresas estatais nos países analisados; 3) notícias sobre reformas normativas e institucional de fontes oficiais; 4) problemas e escândalos de governança corporativa relatados por trabalhos acadêmicos, imprensa local ou internacional especializada; e 5) documentos societários divulgados pelas

include the full suite of investor protection applicable to companies in the existing premium listing category with two modifications the FCA considers appropriate for companies of this type: 1) the related party rules would operate on a modified basis: the sovereign controlling shareholder would not be considered a related party for the purposes of the UK listing rules; 2) the controlling shareholder rules will not apply to companies in the new category in respect of the sovereign controlling shareholder". FCA. FCA proposes new premium listing category for sovereign-controlled companies (*FCA Press Release*, 13 jul. 2017. Disponível em: https://www.fca.org.uk/news/press-releases/fca-proposes-new-premium-listing-category-sovereign-controlled-companies. Acesso em: 17 mar. 2018).

[28] PACHECO, F. World's Biggest IPO Got Bigger: Aramco IPO at $29.4 Billion. *Bloomberg*, 12 jan. 2020. Disponível em: https://www.bloomberg.com/news/articles/2020-01-12/world-s-biggest-ipo-got-bigger-aramco-ipo-size-at-29-4-billion. Acesso em: 21 abr. 2020.

[29] US STATE DEPARTMENT'S OFFICE OF INVESTMENT AFFAIRS. *Investment Climate Statement. Saudi Arabia – 7-State-Owned Enterprises*. 19 jul. 2017. Disponível em: https://www.export.gov/article?id=Saudi-Arabia-state-owned-enterprises. Acesso em: 3 out. 2017.

[30] OECD. *The Size and Sectoral Distribution of State-Owned Enterprises*. Paris: OECD Publishing, 2017a. p. 67.

empresas estatais de cada jurisdição (prospectos de oferta, relatórios anuais e estatutos sociais).

O passo seguinte consiste na análise e filtragem dos dados considerados mais relevantes para a pesquisa. Por "relevância", entendem-se aqueles que possam contribuir para o preenchimento das "chaves de observação" utilizadas por Milhaupt e Pargendler. Da análise de experiências internacionais e de boas práticas sugeridas por organizações que promovem princípios de governança corporativa, Milhaupt e Pargendler extraíram doze "chaves de observação" sobre padrões de importância e proteção conferida às empresas estatais listadas em cada jurisdição. São elas:

> 1) relevância político-econômica das empresas estatais para o país, 2) empresas estatais listadas sujeitas às leis gerais de companhias e do mercado de capitais, 3) existência de princípios não vinculativos de governança corporativa para empresas estatais, 4) existência de regime de listagem especial para empresas estatais, 5) existência de direitos de governança especiais para o Estado acionista, 6) utilização de direitos de voto diferenciados em empresas estatais listadas, 7) divulgação pública da política de propriedade estatal, 8) restrição à participação de políticos ou representantes do governo em conselhos de administração de empresas estatais, 9) regras especiais de remuneração para administradores de empresas estatais, 10) propriedade centralizada de participação acionária em empresas estatais, 11) existência de uma *holding* estatal para empresas estatais, e 12) listagem internacional de empresas estatais.

O terceiro passo consiste na tentativa de extrair lições para os formuladores de políticas públicas brasileiros, tomando por base o atual estágio do desenvolvimento das normas de governança corporativa para empresas estatais listadas brasileiras, comparada com as experiências das jurisdições objeto de análise. O passo final consiste na tentativa de extrair lições após esse esforço de comparação das jurisdições entre si no estágio atual de desenvolvimento do tema no Brasil.

3. O Estado como acionista controlador em empresas estatais listadas

Ainda que não exista um conceito definido do que seja "governança corporativa", o uso da expressão proliferou-se especialmente a partir da década de 1970 em textos acadêmicos e em debates de políticas públicas. Em uma visão geral, governança corporativa, do ponto de vista interno à companhia, envolve o equilíbrio de poder entre diretores, acionistas e conselheiros.[31]

No texto seminal de Berle & Means, de 1932, apontado como ponto de partida para formulações sobre governança corporativa, identificou-se haver um descasamento entre propriedade e controle em grandes companhias norte-americanas.[32] Em resposta a esse desequilíbrio de poder, governança corporativa seria um conjunto de mecanismos voltados a alinhar interesses dos acionistas (cuja atitude, dada a dispersão do controle, é, por vezes, passiva) e administradores, e a solucionar o problema de agência advindo da percepção de que administradores podem não agir em nome dos acionistas, mas, sim, de acordo com os próprios interesses.[33]

O problema de agência em mercados de baixa concentração do controle acionário é conhecido como "relação de agência vertical", sendo os administradores os agentes; e os acionistas, os representados.[34] Caracteriza essa verticalidade o fato de os acionistas serem desengajados da tarefa de monitoramento e disciplina dos administradores. Assim, o descasamento entre controle e propriedade viabilizaria que administradores tirassem vantagem da assimetria informacional e adotassem comportamentos que somente os beneficiariam – em detrimento do bem-estar da companhia –,

[31] PARGENDLER, M. The Corporate Governance Obsession. *Journal of Corporation Law*, v. 42, n. 2. p. 366, 2016.

[32] BRATTON, W. *Berle and Means Reconsidered at the Century's Turn*. s. l.: Georgetown University Law Center, 2001. p. 737. Pontue-se que, ainda que governança corporativa seja usualmente imputada como ferramenta criada e proposta por Berle & Means para a solução de conflitos de agência no âmbito da empresa, Pargendler esclarece que os autores não apresentam soluções de governança corporativa para os problemas identificados. Antes, com o intuito de reduzir o lapso entre vontade dos acionistas e ação dos administradores, os autores propuseram soluções regulatórias, tais quais elevação dos patamares de transparência da companhia e dos deveres de lealdade dos administradores (PARGENDLER, M. The Corporate Governance Obsession. *Journal of Corporation Law*, v. 42, n. 2, p. 359-402, 2016).

[33] Importante ressalvar que o fato de os preceitos de governança corporativa serem usualmente empregados para solucionar os conflitos de interesses internos à companhia, esse não é o único conjunto de soluções disponíveis. Estratégias regulatórias e de governança também podem ser utilizadas para esse fim. A autora também pontua que a governança corporativa vem sendo empregada com o objetivo de solucionar problemas muito diferentes dos problemas de agência (PARGENDLER, M. The Corporate Governance Obsession. *Journal of Corporation Law*, v. 42, n. 2, p. 359-402, 2016. p. 8).

[34] Ainda que o termo "*principals*" tenha sido usualmente traduzido como "principal" no português, o termo escolhido não traduz bem o conceito. Nesse texto, utilizaremos preferencialmente o termo "representados".

sem elevados riscos de serem detectados.[35] Esse conflito agente-representado se coadunava, especialmente, com a estrutura societária das grandes companhias dos mercados norte-americano,[36] inglês e japonês (ao menos na primeira metade do século XX),[37] caracterizados pela elevada dispersão acionária de um lado, e, do outro, pelo elevado poder decisório nas mãos dos administradores.[38]

Já em países nos quais a concentração acionária é elevada, a preocupação de divergência de interesse entre acionistas e administradores é reduzida, uma vez que a concentração do capital confere aos controladores poder suficiente para fazer com que administradores atuem em favor da companhia, e não egoisticamente. O foco da discussão sobre governança corporativa passa então a ser mais centrado na dualidade controladores e acionistas minoritários e na criação de normas que resguardem o direito desses últimos.[39] Nesses mercados, também conhecidos como sistemas de *blockholder*, o problema vertical de agência é, portanto, amenizado. Os acionistas controladores têm tanto a capacidade quanto os incentivos necessários para monitorar e disciplinar os administradores. O problema de agência passa, então, a ser horizontal, ou seja, entre acionista controlador (dada sua capacidade de influir nas decisões dos administradores) e acionistas minoritários.[40]

Os modelos indicados precisam de adaptações quando o Estado atua como acionista controlador da companhia. A dualidade dos conflitos em companhias privadas (acionistas/administradores ou controladores/minoritários) torna-se potencialmente mais complexa quando se agrega o Estado à equação,[41] a depender do quão ativamente este decida exercer seu papel de acionista.

[35] FENWICK, M.; VERMEULEN, E. P. M. The House of Cards of Corporate Governance: Re-Thinking Transparency and Disclosure of Ownership. *Lex Research Topics in Corporate Law & Economics Working Paper n. 1*, p. 8-9, 2016.

[36] No texto "The Myth of Diffuse Ownership in the United States", Clifford Holderness questiona o dogma da dispersão do mercado norte-americano e aponta a estrutura acionária concentrada em companhias listadas de médio porte. Ver também: ARMOUR, J.; GORDON, J. N. The Berle-Means Corporation in the 21st Century. Working Paper, Yale Law School, 2009.

[37] KRAAKMAN *et al. The Anatomy of Corporate Law*. Oxford: Oxford University Press, 2017. p. 25.

[38] LA PORTA, R., LOPEZ-DE-SILANES, F. e SHLEIFER; A. Corporate Ownership Around the World. *Journal of Finance*, v. 54, n. 2, p. 471, 1999.

[39] FENWICK e VERMEULEN (2016, p. 8-9).

[40] LA PORTA *et al.* (1998).

[41] MARINHO e SCHAPIRO (2017).

Marinho e Schapiro identificam três conjuntos de "representados" no âmbito das empresas estatais, podendo existir entre eles rota de colisão: 1) "as autoridades públicas encarregadas de implementar as políticas públicas por meio da companhia"; 2) "os controladores, representados pelas autoridades políticas do Estado"; e 3) "os investidores privados e que são os acionistas minoritários".[42] Destaque-se que nem mesmo cada um desses grupos de principais, tomados isoladamente, é coeso.

Para além do conflito de interesses entre agentes públicos e privados, os autores destacam a complexidade da relação intragoverno e entre Estado controlador e administradores da companhia. No caso do grupo "autoridades públicas encarregadas de implementar políticas públicas", pode haver disputas entre segmentos distintos do governo, com capacidade de se alinhar e influenciar mais fortemente administradores. Já "o controlador, representado pelas autoridades políticas do Estado [Presidente e Ministros]", pode não estar alinhado aos administradores, uma vez que inexiste uma relação monolítica entre o núcleo político do governo e as empresas estatais.

Os investidores privados, por seu turno, podem ver seus interesses comprometidos ante os objetivos políticos e financeiros do Estado controlador,[43] isso porque os gestores do Estado, diferentemente dos gestores de empresas privadas, precisam por vezes contrabalançar objetivos dificilmente conciliáveis: de um lado, o objetivo financeiro, ou seja, "obter dividendos com sua posição de controlador", e, de outro, o objetivo político, ou seja, "fazer cumprir seu mandato de políticas setoriais".[44]

A combinação de interesses contrapostos no seio da companhia poderia sugerir que esse formato de entidade estaria fadado à extinção. Entretanto, o modelo "capitalismo de Estado" continua em pleno uso, especialmente por países em desenvolvimento, e experimentou mesmo uma retomada no pós-crise de 2008.

Nesta pesquisa, optou-se por restringir seu escopo a empresas de controle estatal e que sejam também listadas. Entre os motivos a justificar a escolha, está a maior facilidade de acesso a informações: companhias listadas geralmente são submetidas não só à legislação societária, como

[42] MARINHO e SCHAPIRO (2017, p. 10).
[43] MARINHO e SCHAPIRO (2017, p. 10).
[44] MARINHO e SCHAPIRO (2017, p. 4).

também às regras emitidas por órgãos reguladores do mercado de capitais e bolsas de valores, que gozam de maior padronização e transparência.[45]

A listagem tem o potencial de alterar a dinâmica de poder dentro da companhia, uma vez que o acionista controlador estatal passa a estar submetido à lógica de mercado. Para Pinto Junior, isso ajudaria a desincentivar comportamentos oportunistas por parte do Estado. O autor pontua que, como o levantamento de recursos via emissão de ações e títulos não é fato isolado na vida de empresas listadas, há para estatais listadas uma perspectiva de longo prazo, "equiparando-se a um jogo de rodadas sucessivas e duração indeterminada". Pela lógica do mercado de capitais, acionista controlador e companhia seriam punidos sob a forma da redução da cotação das ações em bolsa, maior dificuldade de captação futura, elevação do prêmio pelo risco político e impacto na nota de risco de crédito da companhia (*rating*).[46]

Entretanto, a listagem de empresas estatais não é garantia, por si só, de boa governança ou de imunidade a escândalos empresariais. Estudo empírico feito pela OCDE indica o uso abusivo de transações com partes relacionadas, a necessidade de melhoria da proteção de acionistas minoritários (especialmente quando a regulação e a fiscalização são falhas), a possibilidade de interferência política e a inclinação de uso da empresa para satisfação de interesses estatais, e não da companhia como um todo.[47]

Pargendler, Musacchio e Lazzarini buscam explicar a racionalidade para acionistas públicos e privados de apostar no modelo.[48] Para os autores, três fatores sugerem benefícios do uso de uma entidade híbrida sob a ótica do gestor público. Primeiro, a "promessa de efetividade regulatória" estaria no fato de a conjugação de capital público e privado sob o manto da companhia ser opção mais econômica ao Estado que simplesmente regular agentes privados, especialmente em ambientes em que as instituições

[45] Necessário pontuar que apenas a listagem não é garantia de governança superior à de uma empresa estatal não listada. Pargendler *et al.* (2013) pontuam existir indícios de que reguladores de mercado de capitais adotam atitude mais leniente em relação a empresas estatais, quando comparadas com empresas privadas.

[46] PINTO JR., M. E. *Empresa estatal*: função econômica e dilemas societários. 2. ed. São Paulo: Atlas, 2013. p. 374-376.

[47] OECD (2016, p. 10-11).

[48] PARGENDLER, MUSACCHIO e LAZZARINI (2013, p. 16).

contratuais são fracas. Sob esse formato, o Estado poderia perseguir objetivos de interesse público, evitando os custos de redigir e impor regulação a entes privados e, ao mesmo tempo, valer-se dos ganhos de eficiência que a participação privada na companhia viabiliza (ausentes em empresas de propriedade exclusivamente estatal). O segundo benefício, a "promessa de eficiência operacional", baseia-se em estudos empíricos que indicam o aumento de eficiência derivado da participação privada em companhias estatais listadas. A listagem e a participação privada reduziriam comportamentos oportunistas dos administradores, viabilizariam maior monitoramento da administração da companhia e favoreceriam a transparência. Por fim, o terceiro benefício seria a possibilidade de compartilhamento dos riscos de investimento em projetos de longo prazo.[49]

Já para o acionista privado, a racionalidade é outra e pode ser influenciada por questões como: se o investimento privado na companhia é forçado (tendo ocorrido via expropriação, por exemplo) ou voluntário; sendo voluntário, necessário verificar se a companhia foi fundada como de capital misto ou se a participação privada é fruto de esforços de desestatização. Os autores indicam três conjuntos de fatores que poderiam tornar o investimento em empresas estatais mais atrativo: 1) proteções de direito privado (submissão às mesmas normas que empresas privadas; dupla listagem); 2) controles de direito público (regras de direito público voltadas a restringir abusos por parte do Estado; diferentes agências responsáveis por supervisionar as empresas públicas; privilégios legais, como proteção à falência, acesso facilitado a crédito); e 3) fatores extralegais (poder de mercado; sujeição a controles político e democrático; reputação da empresa pública; necessidade de diversificação do portfólio por parte dos investidores; desconto *ex ante* do risco político do investimento).[50]

4. A relevância das doze chaves de observação

As chaves de observação a seguir descritas foram relevantes para a construção dos estudos de caso de cada país. A despeito de especificidades intrínsecas a cada jurisdição, elas constituem um mínimo denominador comum nos elementos de cada estudo de caso.

[49] PARGENDLER, MUSACCHIO e LAZZARINI (2013, p. 11).

[50] PARGENDLER, MUSACCHIO e LAZZARINI (2013, p. 11-22).

4.1. Relevância político-econômica das empresas estatais

Os motivos da aposta no fornecimento de bens e produtos via Estado devem-se a uma gama variada de razões, a depender do país objeto de análise: apelo da ideologia socialista, receios quanto a monopólios privados em setores estratégicos da economia, baixo desenvolvimento do mercado de capitais doméstico, inexperiência de investidores locais em grandes projetos de infraestrutura ou receio de confiar a investidores estrangeiros o financiamento de projetos essenciais ao desenvolvimento doméstico.[51]

A relevância das empresas estatais cresceu rapidamente no pós-Segunda Guerra Mundial.[52] No entanto, críticas ao desempenho das empresas estatais não tardaram a aparecer e deram origem a duas ondas de reformas. A primeira, nas décadas de 1960 e 1970, estava centrada especialmente no fortalecimento da capacidade gerencial dessas empresas. A segunda, nas décadas de 1980 e 1990, visava ao aumento da participação privada nessas empresas, principalmente via privatização. O custo político e a percepção de que os benefícios das privatizações seriam baixos e apropriados por poucos fizeram recrudescer o uso de estratégias para melhoria da gestão das empresas estatais restantes.[53]

Assim, se as causas para criação de empresas estatais são variadas, também o é o motivo de sua persistência. Seja como produto de processos de privatização inacabados, como estratégia de evitar o custo político de uma privatização integral ou mesmo como aposta consciente pelo Estado no modelo de capital misto para empresas estatais, a chave "relevância político-econômica das empresas estatais" busca verificar em cada país a existência (ou não) de motivos que tornam empresas estatais listadas relevantes.

Como a mera existência de empresas estatais listadas não é garantia de relevância, alguns critérios foram usados para aferir sua importância, a exemplo de participação das empresas estatais listadas no volume transacionado no mercado de capitais local, prestação de serviços ou desempenho de atividades estratégicos para o país, uso das empresas estatais para efetivação de políticas públicas ou para fins fiscais.

[51] GOMEZ-IBANEZ, J. Alternatives to infrastructure privatization revisited: public enterprise reform from the 1960s to the 1980s. *Policy Research Working Paper n. WPS 4391*, Washington, DC: World Bank, 2007.

[52] Ver SHLEIFER, A. State versus Private Ownership. *Journal of Economic Perspectives*, v. 12, n. 4, p. 133-150, 1998.

[53] GOMEZ-IBANEZ (2007).

4.2. Empresas estatais listadas sujeitas às leis gerais de companhias e do mercado de capitais

Em suas diretrizes para empresas estatais, a OCDE defende que empresas estatais que exploram atividade econômica devem estar submetidas ao mesmo aparato regulatório e normativo que as demais empresas, incluindo seus competidores.[54]

Essa afirmação não é unanimemente aceita. Antes, ela se coaduna especialmente com o ponto de vista do investidor externo, para quem a aplicação do regime de direito privado às empresas estatais geraria maior segurança jurídica, tanto em relação ao conteúdo quanto à estabilidade das regras do jogo, uma vez que seria mais custoso para o Estado reverter regras na vigência de um regime unitário.[55]

No entanto, sob um regime unitário, abre-se o risco de o papel de "Estado-acionista" influenciar negativamente o papel do "Estado-legislador" e, por consequência, levar o Estado a promover reformas autointeressadas no regime societário, que privilegiem acionistas controladores em detrimento de acionistas minoritários.[56]

Pesquisa da OCDE indica que a ampla maioria das empresas estatais (cerca de 92%, considerado valor de mercado) são incorporadas como companhias privadas, estando submetidas às leis societárias domésticas.[57] A pesquisa buscará identificar se as empresas estatais listadas nas jurisdições da amostra seguem o regime privado, total ou parcialmente, ou se há um regime próprio para elas.

[54] "As a guiding principle, SOEs undertaking economic activities should not be exempt from the application of general laws, tax codes and regulations Laws and regulations shoul not unduly discriminate between SOEs and their market competitors" (OECD, 2015a, p. 20).

[55] PARGENDLER, MUSACCHIO e LAZZARINI (2013, p. 16).

[56] Outros tópicos passíveis de interferência estatal são relacionados aos direitos de voto de acionistas, conflitos de interesse por parte dos controladores, remédios contra opressão dos minoritários, entre outros. Ver PARGENDLER, M. The Unintended Consequences of State Ownership: The Brazilian Experience. *Theoretical Inquiries in Law*, v. 13, n. 2, The Cegla Center for Interdisciplinary Research of the Law, 2012a.

[57] KANE, K. Size and sectoral distribution of stateowned enterprises main findings of the latest review. Presentation to OECD Steel Committee, 28 September 2017. Disponível em: https://www.oecd.org/industry/ind/Item_6_3_OECD_Korin_Kane.pdf. Acesso em: 27 mar. 2018.

4.3. Existência de princípios não vinculativos de governança corporativa para empresas estatais

Desde o lançamento do primeiro código de governança, há cerca de vinte anos, a prática foi disseminada em escala global. Ainda que de adoção voluntária, códigos de governança corporativa possuem algumas vantagens quando comparados com a edição de leis: são mais facilmente revisados, flexibilidade essa que viabiliza a incorporação de novos valores ou a retirada dos que estejam ultrapassados, sem o rigor da tramitação legislativa. Seu apelo, para governos, reside no fato de não ensejarem resistência política inerente à edição de leis ou regulações. Para as bolsas de valores locais, códigos de governança são um modo de autonomamente superarem fragilidades identificadas no aparato normativo estatal e de alavancarem a sua reputação no mercado local ou global. Para administradores, além de ser um guia de conduta importante, o apoio expresso a códigos tem o potencial de enviar sinais positivos a investidores.

Entre as desvantagens está o fato de códigos geralmente representarem um acordo entre diversos interessados, podendo ser muito genérico (representando pouca vantagem quando comparado a um cenário sem código), muito rígido (na ausência de estruturas que viabilizem revisões programadas e consultas aos interessados) ou muito enviesado (caso não haja pluralidade de interesses em sua confecção).

A edição de códigos especificamente voltados para empresas estatais tampouco é novidade. Desde o início dos anos 2000 foram lançados códigos de governança para empresas estatais em países como África do Sul,[58] Bangladesh,[59] Índia, Indonésia e China.[60] A OCDE, por seu turno, lançou em 2005 suas Diretrizes para governança corporativa em empresas estatais, revisadas em 2015.

[58] O King II Report on corporate governance, de 2002, explicitamente menciona a aplicabilidade de seus princípios às empresas estatais, feitas as devidas adaptações. Ainda, afirma que um dos motivos de sua reedição foi a necessidade de se adaptar à edição do Policy Framework for State Owned Enterprises by the Department of Public Enterprises, em agosto de 2000. Ver: KING COMMITTEE ON CORPORATE GOVERNANCE. *King Report on Corporate Governance for South Africa 2002*. Março 2002. O texto obteve atualizações posteriores, em 2009 e 2016, respectivamente.

[59] TASKFORCE ON CORPORATE GOVERNANCE AND BANGLADESH ENTERPRISE INSTITUTE. *The Code of Corporate Governance for Bangladesh*: Principles & Guidelines for best practices in the private sector, financial institutes, state-owned enterprises and non-governamental organizations, mar. 2004.

[60] GOMEZ-IBANEZ (2007).

Esta obra buscará identificar um dos seguintes cenários, em cada jurisdição: a existência de código de governança voltado às empresas estatais, a existência de código de governança geral, mas que seja explicitamente aplicável às empresas estatais, ou a mera existência de códigos de governança gerais em cada jurisdição, sem menção à sua aplicabilidade a empresas estatais.

4.4. Existência de regime de listagem especial para empresas estatais

Indícios de um segmento de listagem específico para empresas estatais se fizeram sentir no Brasil, em 2015, com a proposta de criação pela bolsa de valores de um programa contendo regras mais firmes de governança para empresas estatais.[61] À época, a atuação do Estado como acionista passou a ser fortemente criticada, em especial com a grande perda de valor de mercado da Petrobras depois da descoberta de esquemas de corrupção envolvendo a companhia.[62]

A criação do Programa Destaque em Governança de Estatais teve por força motriz a recuperação da confiança do mercado nessas empresas, por meio do incentivo ao aprimoramento de práticas e estruturas de governança corporativa.[63] Ainda que não configure um segmento de listagem (a exemplo do Novo Mercado ou Nível 2), o programa segue a lógica da adesão voluntária a patamares mais elevados de governança. Para adquirir a certificação, a empresa aderente firma compromisso com a bolsa de valores de implementar uma série de requisitos de transparência, controle interno, composição da administração e de compromisso do controlador público.[64] A sanção do descumprimento do compromisso, no entanto, é exclusivamente reputacional.[65]

[61] GUIMARÃES, F. BM&FBovespa quer governança mais rígida para estatais. *Estado de São Paulo*, 2 abr. 2015.

[62] Redação do *Correio Braziliense*. Empresas envolvidas em denúncias da Lava-Jato veem ações desabarem. *Correio Braziliense*, 12 mar. 2015.

[63] Como o valor diário transacionado pelas empresas estatais representava, à época, cerca de 25% do valor total transacionado na bolsa, a preocupação da bolsa com a confiança do mercado e a reputação das empresas estatais representa, por consequência, preocupação com a sua própria reputação (mais dados sobre empresas estatais e mercado em: BARRA, P. Bovespa compra "briga" com 30 estatais listadas; entenda o motivo. *Informoney*, 2 abr. 2015).

[64] Até o momento, cinco empresas estatais aderiram ao programa destaque: Petrobras e Banco do Brasil, em 2017, Eletrobrás, BB Seguridade e Copel, em 2018. (Lista consultada no *site* da B3, disponível em: http://www.b3.com.br/pt_br/b3/qualificacao-e-governanca/certificacoes/programa-estatais/. Acesso em: 23 ago. 2020.)

[65] MILHAUPT e PARGENDLER (2017, p. 31).

A ideia a fundamentar a criação de um regime específico de listagem para empresas estatais seria fomentar uma melhor governança nessas companhias e alavancar a confiança dos investidores nas companhias sem a necessidade de intervenção legislativa ou regulatória.[66]

No entanto, experiência recente na criação de um segmento de listagem específico para empresas estatais seguiu direção oposta. Em vez de incentivar empresas estatais a firmar compromisso com regras mais rígidas de governança, o próprio autorregulador propôs o relaxamento das regras domésticas com o intuito de atrair listagens de grande porte.

De fato, em 2017, depois do anúncio de que a empresa estatal saudita Aramco pretendia listar 5% de seu capital em alguma bolsa de valores estrangeira de grande porte, o regulador não estatal londrino FCA colocou sob consulta a proposta de criação de um segmento *premium* de listagem para empresas que contassem com um fundo soberano como acionista controlador. Comparativamente aos demais regimes *premium* de listagem, o modelo voltado para estatais abrigaria duas modificações: o acionista controlador não seria considerado parte relacionada, e as regras de acionista controlador existentes para as categorias *premium* de listagem não seriam aplicáveis às companhias nas quais o controlador é um fundo soberano.[67]

Com base nessas duas experiências contrapostas, se buscará identificar não apenas a existência de um segmento de listagem específico para empresas estatais, como também se esse segmento foi criado com o objetivo de aumentar ou relaxar os patamares de governança existentes na jurisdição.

4.5. Existência de direitos de governança especiais para o Estado acionista

O Brasil, em 2016, editou um estatuto jurídico contendo normas de governança específicas para empresas públicas e sociedades de economia mista. Até então, as sociedades de economia mista eram regidas pela Lei de Sociedades Anônimas (Lei n. 6.404/1976), que, apesar de expressamente estipular que "a pessoa jurídica que controla a companhia de economia mista tem os deveres e responsabilidades do acionista controlador", ressalva a possibilidade de o ente público orientar as atividades da companhia de modo a atender ao interesse público que justificou a criação da companhia.

[66] MILHAUPT e PARGENDLER (2017, p. 31).

[67] FCA. Proposal to create a new premium listing category for sovereign controlled companies. *Consultation Paper CP17/21*, jul. 2017.

A partir da edição da Lei n. 13.303/2016, as empresas estatais brasileiras passaram a estar sujeitas a regras especiais de transparência, estrutura interna e critérios de nomeação de administradores.

Em oposição à sujeição das empresas estatais listadas às leis gerais de companhias e do mercado de capitais, algumas jurisdições admitem que o Estado goze de direitos de governança especiais, autorizam que este se afaste pontualmente do regime geral aplicável às empresas privadas ou então editam legislação especificamente voltada a reger a atuação do Estado como acionista. Nesta obra, buscar-se-á identificar se um dos três cenários ocorre nas demais jurisdições da amostra.

4.6. Utilização de direitos de voto diferenciados em empresas estatais listadas

Por mais que o preceito "uma ação um voto" continue a ser considerado regra de boa governança,[68] algumas companhias, especialmente familiares e de setores de tecnologia, utilizam três mecanismos principais para descasar direitos econômicos e políticos – direitos de voto diferenciados, estruturas piramidais e estruturas de propriedade cruzada[69] – com o objetivo de manter o controle da empresa, mesmo quando nelas detêm participação minoritária.

Se utilizados pelo Estado acionista controlador, esses mecanismos têm a capacidade de reforçar a estrutura de controle dentro da companhia e de potencializar a capacidade de expropriação de direitos dos acionistas minoritários.

As modalidades de direitos de votos diferenciados consistem especialmente na existência de ações preferenciais sem direito de voto ou em ações com direito de voto plural. Adicionalmente, algumas empresas estatais, sobretudo aquelas objeto de renacionalização,[70] detêm *golden shares* em seu

[68] Hong Kong (até 2017), Reino unido e Cingapura são exemplos de jurisdições que tradicionalmente restringem o uso de direitos de voto díspares em suas companhias. Ver: MARTINEZ, A. G. Opinion: Should securities regulators allow companies going public with dual class shares? *Oxford Business Law Blog*, 16 jan. 2018.

[69] Para uma definição dos conceitos, ver: BEBCHUK, L. A.; KRAAKMAN, R. & TRIANTIS, G. Stock Pyramids, Cross-Ownership and Dual Class Equity: The Mechanisms and Agency Costs of Separating Control From Cash-Flow Rights Lucian Aye. *In*: MORCK, R. (ed.). *Concentrated Corporate Ownership*, 2000. p. 445-460. Tal artigo também foi publicado em *Harvard Law School Olin Discussion Paper n. 249*, 1999.

[70] A exemplo da YPF argentina e da Air New Zealand neozelandesa (ver capítulo seguinte).

capital, as quais costumam conferir direitos especiais de veto ao acionista estatal em determinadas deliberações.[71]

4.7. Divulgação pública da política de propriedade estatal

Em suas diretrizes de governança corporativa para empresas estatais, a OCDE conclama o Estado a agir como um proprietário informado e ativo, por meio do estabelecimento de objetivos claros para propriedade estatal, conferindo autonomia operacional à administração da empresa e respeitando o papel e a independência de seu conselho.[72] Como apontado por Milhaupt e Pargendler, esse princípio traz em si uma contradição, dado que os valores "postura ativa do Estado acionista" e "respeito à autonomia do conselho" costumam entrar em choque.

A pesquisa buscará identificar a postura adotada pelo Estado como proprietário em cada jurisdição, com o objetivo de averiguar se ela é claramente enunciada e adotada de forma consistente e, ainda, a existência de eventuais impactos de uma eventual postura ativa do Estado e a independência dos administradores.

4.8. Restrição à participação de políticos ou representantes do governo em conselhos de administração de empresas estatais

A OCDE defende existir um crescente consenso de que alguns representantes do Estado não deveriam, em hipótese alguma, ser aceitos como membros de conselho de administração de empresas estatais, a exemplo de ministros, secretários de Estado, representantes diretos ou muito próximos do Poder Executivo. Para a instituição, a vedação poderia ser ampliada inclusive para abranger a nomeação de servidores públicos do alto escalão. Os países que adotam essa prática o fazem com o objetivo de formalmente limitar o poder de políticos e burocratas em conselhos e a influência do controlador estatal em decisões importantes para a companhia.[73]

Em geral, há países que vedam completamente a nomeação de políticos e servidores para conselhos (Noruega e Nova Zelândia), países que os aceitam, desde que atendidos requisitos de qualificação (Israel) ou em

[71] Sobre *golden shares*, ver: GRUNDMANN, S.; MOSLEIN, F. Golden shares – state control in privatized companies: comparative law, european law and policy aspects. *Euredia*, 2001-2002/4.
[72] OECD (2015a).
[73] OECD. *Boards of Directors of State-Owned Enterprises*: An Overview of National Practices. Paris: OECD Publishing, 2013a.

circunstâncias excepcionais (Austrália) e aqueles países que não impõem restrições à presença de membros do governo em conselhos.[74]

4.9. Regras especiais de remuneração para administradores de empresas estatais

Esquemas de remuneração são utilizados em empresas privadas com o objetivo de alinhar os interesses dos administradores aos da companhia e maximizar valor para seus acionistas. No caso de empresas estatais, os conselheiros "servem dois mestres – acionistas minoritários privados e os cidadãos",[75] grupos cujos interesses podem ser eventualmente contrapostos. Dada a natureza da empresa estatal, surgem dilemas relativos a "para quem o valor deve ser maximizado": para a sociedade, para os minoritários, para a companhia como um todo?

Como regra geral, a OCDE sugere que empresas estatais possuam esquemas de remuneração para administradores compatíveis com o interesse de longo prazo da companhia e capazes de atrair profissionais qualificados e motivados. A instituição identifica, na prática, três modelos diferentes utilizados pelas empresas estatais para estabelecer a remuneração dos conselheiros:[76]

a) remuneração por comparecimento ("*attendance allowances*"): conselheiros são remunerados exclusivamente por comparecimento às reuniões do conselho. Adotam esse modelo Grécia, Espanha e Eslovênia, mas a OCDE ressalva que, na Eslovênia, se atribui aos baixos valores de remuneração a incapacidade das empresas estatais de atrair conselheiros bem qualificados;[77]
b) tetos ou limites: algumas jurisdições estabelecem um limite de remuneração de conselheiros, seja esse limite fixo ou variável, tendo por referência salários de empregados ou diretores. Adotam esse modelo Brasil (onde conselheiros recebem, no máximo, dez por cento dos salários de diretores), Hungria, Portugal, Latvia, República Eslováquia (teto de cinco vezes o salário médio do país) e Polônia;[78]

[74] OECD (2013a, p. 51 e 52).
[75] MILHAUPT e PARGENDLER (2017, p. 56).
[76] OECD (2013a, p. 69-70).
[77] OECD (2013a, p. 69-70).
[78] OECD (2013a, p. 69-70).

c) estrutura global de remuneração: alguns países possuem estruturas mais elaboradas de remuneração, que diferenciam o porte da empresa ou outros indicadores de carga de trabalho; de modo geral, no entanto, os valores permanecem abaixo do montante pago pela iniciativa privada. São exemplos Canadá, Estônia, Israel, Nova Zelândia e Suécia, que ranqueiam suas empresas estatais e variam as remunerações de acordo com sua posição no *ranking*.[79]

Milhaupt e Pargendler indicam a existência de um modelo utilizado na França, em que servidores públicos que ocupam assento em conselhos de empresas estatais não podem ser remunerados por essa atividade.[80] Já Pargendler, Musacchio e Lazzarini informam ainda que algumas empresas estatais listadas estipulam remunerações atreladas à performance, com o objetivo de alinhar a atuação dos administradores da companhia aos interesses dos acionistas privados e de contrabalançar a lealdade irrestrita de representantes governamentais ao acionista que os indicou.[81]

Ainda que não exista uma proposta de estrutura de remuneração que viabilize maximizar objetivos comerciais e não comerciais de empresas estatais,[82] é interessante verificar como cada jurisdição remunera os administradores de suas empresas estatais e também se esse é um ponto da agenda de discussões do país.

4.10. Propriedade centralizada de participação acionária em empresas estatais

Tanto a OCDE quanto o Banco Mundial defendem configurar boa prática de governança a opção pelo modelo centralizado de propriedade estatal para gestão das empresas estatais. Ao tratar do papel do Estado como proprietário, a OCDE sugere que o exercício dos direitos de propriedade seja claramente identificado dentro da administração pública e centralizado em uma única entidade, ou, sendo impossível, seja desempenhado de forma coordenada pelas autoridades responsáveis. A entidade proprietária deve possuir capacidade e competência para desempenhar

[79] OECD (2013a, p. 69-70).
[80] MILHAUPT e PARGENDLER (2017, p. 56).
[81] PARGENDLER, MUSACCHIO e LAZZARINI (2013, p. 17).
[82] MILHAUPT E PARGENDLER (2017, p. 56).

suas funções, além de ser responsabilizável perante e auditável pelos órgãos competentes.[83]

O modelo centralizado não é o único existente e tampouco é imune a críticas. Acevedo Sánchez indica a existência de três modelos de propriedade estatal em empresas públicas – descentralizado, dual e centralizado –, cada um gozando de vantagens e desvantagens.[84]

No modelo descentralizado, bastante disseminado na América Latina, diversos agentes (ministérios) têm a responsabilidade de gerir e fiscalizar as empresas públicas, podendo haver ainda a participação de outros órgãos e entidades da Administração Pública. A vantagem do modelo estaria na maior proximidade com o Ministério responsável, possivelmente mais experiente no setor de atuação da empresa. As desvantagens, por seu turno, incluem o fato de proprietário, regulador e formulador de políticas públicas estarem fundidos em uma só figura; o possível atrito operacional e de governança entre entidades responsáveis e a dispersão no sistema de monitoramento; a abertura a interferências políticas; menor transparência; capacidade de gestão fraca; supervisão e monitoramento insatisfatórios.[85]

No modelo dual, mais de um ministério (a exemplo do Ministério de Finanças e do ministério setorial) exercem funções de propriedade específicas. A maior proximidade com o funcionamento de um modelo centralizado ou descentralizado dependerá da função assumida em cada ministério e do nível de clareza de sua delimitação. Adotam esse modelo Brasil, Bulgária, México e Vietnã. Na Nova Zelândia, Tesouro e Ministério de Empresas Públicas têm competências coordenadas, e, havendo sobreposição delas, um papel de líder é definido entre as partes.

Como vantagens do modelo dual, podem ser apontadas: a propriedade compartilhada entre ministérios favorece a disciplina fiscal e financeira, além de aumentar a possibilidade de equilíbrio no desempenho de funções; o problema da confusão na mesma pessoa dos papéis de proprietário e de regulador é mitigado. As desvantagens do modelo estão ligadas justamente ao compartilhamento de competências e consistem na possibilidade de choque entre objetivos contraditórios de cada ministério, no

[83] OECD (2015a, p. 18).

[84] ACEVEDO SÁNCHEZ, E. M. de. State-Owned Enterprises Management. Advantages of Centralized Models. *Discussion Paper n. IDB-D-454*, Inter-american Development Bank, 2016.

[85] OECD (2015a, p. 17-18).

aumento das chances de interferência política, nos problemas de coordenação e dificuldade na tomada de decisões, no desequilíbrio da capacidade de tomada de ação e no compartilhamento de responsabilidades dos ministérios envolvidos.[86]

No modelo centralizado, a propriedade é exercida por uma única entidade, seja ela um ministério (modelo encontrado em França, Paraguai, Polônia e África do Sul), uma agência (a exemplo da SASAC chinesa e da SEP chilena) ou uma *holding* (a exemplo de Peru, Hungria e Espanha; em alguns países, a *holding* é também fundo de investimento, como na Finlândia, na Malásia e em Singapura, ou banco de desenvolvimento, como o BNDES brasileiro).[87]

As vantagens do modelo centralizados têm natureza política (maior liberdade de repensar o setor de empresas estatais; maior dificuldade de interferência política; resolução do problema de múltiplos donos; mitigação do problema de agência entre acionistas e administradores; maior separação entre funções de propriedade e regulatória), regulatória (viabiliza o estabelecimento de um regime legal e regulatório mais uniforme e facilita a aplicação de uma política de governança consistente ao longo do tempo), administrativa (permite uma visão global do setor; favorece uma maior independência no gerenciamento; encoraja a captação de pessoal qualificado e não apenas servidores; facilita a definição de objetivos, a implementação de incentivos e a alocação de responsabilidade, além de viabilizar um melhor sistema de monitoramento, avaliação e fiscalização) e financeira (cria economia de escalas que favorecem o poder de negociação do Estado, gera sinergias entre empresas de um mesmo setor).[88]

Já as desvantagens do modelo centralizado estão principalmente ligadas à possibilidade de que a centralização seja meramente cosmética. Assim, caso não haja compromisso firme de não interferência por parte do governo, a entidade centralizadora que deveria agregar uma camada de separação entre Estado e empresas pode simplesmente não criar valor algum e ser transformada em mero instrumento de transferência de fundos de empresas mais lucrativas para as que sejam ineficientes, com o objetivo

[86] OECD (2015a, p. 18-20).
[87] OECD (2015a, p. 21-32).
[88] OECD (2015a, p. 21-32).

de camuflar resultados globais, a exemplo do que se verifica na SASAC chinesa.[89]

O Banco Mundial pontua que, ainda que haja tendência de centralização do exercício da propriedade estatal, a experiência demonstra que nenhum modelo é universalmente aplicável. Como países partem de pontos institucionais diversos, nem sempre é factível a adoção do modelo centralizado, seja por oposição política, seja por preocupações com transparência e prestação de contas (*accountability*). A escolha do modelo deve, portanto, respeitar a cultura empresarial e governamental do país e levar em consideração aspectos políticos, econômicos, realidade institucional, ambiente de governança, tamanho, escopo e natureza do setor de empresas estatais.[90]

4.11. Existência de uma *holding* estatal para empresas estatais

Entre as possibilidades do modelo centralizado, o uso de *holdings* é aquele que possibilita maior independência política, orçamentária e gerencial. Ainda assim, pode haver variação no perfil da *holding*, que pode atuar de forma mais passiva (restringindo-se a indicar conselheiros, aprovar contas e relatórios financeiros das empresas que a integram) ou mais ativa (o que pode incluir estabelecimento de metas, planos para atingi-las e orçamento operacional para as subsidiárias).[91] As vantagens e desvantagens descritas no ponto anterior ao modo centralizado são aplicáveis à escolha do modelo de *holding* estatal para empresas estatais.[92]

4.12. Listagem internacional de empresas estatais

A estratégia da listagem internacional é vista como importante instrumento de convergência de governança e costuma ser utilizada por empresas estatais com o intuito de elevar a empresa estatal a melhores patamares de governança ou transmitir a intenção, por parte do Estado, de reforçar seu compromisso com boas práticas de governança perante investidores estrangeiros. Benefícios adicionais são melhores oportunidades de financiamento, acesso a um mercado mais líquido

[89] OECD (2015a, p. 29).

[90] ARROBBIO, A.; BARROS, A. C. H.; BEAUCHARD, R. *et al. Corporate governance of state-owned enterprises*: a toolkit. Washington, DC: World Bank Group, 2014. p. 93.

[91] ACEVEDO SÁNCHEZ (2016).

[92] ACEVEDO SÁNCHEZ (2016, p. 21-32).

para seus títulos, prestígio, maior cobertura de mídia (visibilidade) e transparência.[93]

Como contraponto, Pargendler sugere que essa estratégia merece ponderações. Isso porque, além de empresas estrangeiras usualmente usufruírem de tratamento regulatório menos exigente que empresas domésticas, há ainda evidências de que a *Securities Exchange Comission* (SEC), regulador do mercado de capitais norte-americano, tende a ser mais leniente com emissores estrangeiros, instaurando menos ações contra eles. No caso de empresas estatais estrangeiras, a atuação da SEC seria ainda mais branda, dado o potencial de conflitos diplomáticos. Por fim, é também cogitável a possibilidade de as más práticas corporativas do país de origem da empresa serem importadas pela jurisdição da listagem.[94]

Ainda que os benefícios da estratégia sejam discutíveis para fins de verificar se há ou não "listagem internacional de empresas estatais", consideraram-se listagens que tenham ocorrido especificamente em bolsas norte-americanas. Apesar das ressalvas apontadas, as bolsas norte-americanas i) possuem volume suficiente de transações para que se tornem menos suscetíveis a dobrar regras em benefício de uma ou poucas empresas, ii) são reconhecidas por exigirem aderência de companhias a regras rígidas de governança e iii) representam um ambiente de cultura econômica diversa[95] para a maioria das empresas estatais.

[93] PENG, M. W.; BLEVINS, D. P. Why Do Chinese Firms Cross-List in The United States? *In*: RASHEED, A. A.; YOSHIKAWA, T. (ed.). *The Convergence of Corporate Governance*. London: Palgrave Macmillan, 2012.

[94] PARGENDLER, M. State Ownership and Corporate Governance. *Fordham Law Rev*, v. 80, n. 6, p. 2917, 2012b.

[95] O ponto da diversidade cultural dos ambientes econômicos é mencionado por Peng e Blevins ao tratar das diferenças entre uma companhia chinesa listar em Hong Kong ou nos EUA (ver PENG e Blevins, 2012).

Capítulo 2
Governança Corporativa em Empresas Estatais Listadas: Narrativas de Experiências Internacionais

1. Nova Zelândia

Na Nova Zelândia, a relevância econômica das companhias estatais (listadas e não listadas) é considerável: em 2012, o valor comercial das empresas estatais somava $ 19,5 bilhões, montante equivalente a 30% do valor total negociado tanto no segmento principal quanto no mercado alternativo da bolsa de valores da Nova Zelândia, a NZX (que juntos somavam US$ 66,1 bi).[1]

Nas décadas de 1980 e 1990, o desinvestimento e listagem de empresas estatais foi responsável pela expansão e consolidação do mercado de capitais local.[2] Por seu turno, a nova leva de listagem de estatais, a partir de 2012, teve impacto tamanho que ficou conhecida como a Renascença do setor ("'Renaissance' of the New Zealand capital markets").[3]

[1] "In New Zealand, the financial impact of SOEs is comparable to that of the private sector. As at the 2012 year end, the commercial value of SOEs ($19.5b) was equal to 30% of all equity market capitalization including all securities quoted on the NZX Main Board and NZX Alternative Market ($66.1b)" (CHAN, K.; CHEN, L.; WONG, N. New Zealand State-owned Enterprises: Is State Ownership Detrimental to Firm Performance? *New Zealand Economic Papers*, 2017, p. 3).

[2] CARDOW, A.; WILSON, W. *Privatization*: The New Zealand Experiment of the 1980's. How did Mom and Pop Fare? 2012, p. 12-13. Disponível em: https://ssrn.com/abstract=2178696.

[3] MCCARTY, M. Life after MOM: "The programme is going to have a continued impact for lawyers". *NZ Lawyer*, 11 abr. 2014. Disponível em: http://www.nzlawyermagazine.co.nz/news/life-after-mom-the-programme-is-going-to-have-a-continued-impact-for-lawyers-186430.aspx. Acesso em: 3 jul. 2017.

Os esforços de listagem de estatais têm por um dos argumentos a necessidade de expansão, fortalecimento e diversificação do mercado de valores mobiliários do país. Se na Austrália, importante parceiro comercial da Nova Zelândia, 80% das 200 maiores companhias são listadas, na Nova Zelândia, esse percentual não chega a 35%.[4] Em proporção ao Produto Interno Bruto (PIB), a Bolsa de Valores neozelandesa possui um dos menores patamares de capitalização do mundo desenvolvido: 0,35, contra 1,37 da Austrália, 1,40 do Reino Unido e 0,85-1,37 dos países nórdicos.[5] A despeito de ser um país de *common law*,[6] em proporção do PIB, o país possui um mercado de capitais tão desenvolvido quanto China e Alemanha.[7]

Outro objetivo do governo neozelandês ao listar estatais é diversificar as oportunidades de investimentos para a população local, extremamente afeita a investimentos de baixo risco, em especial o imobiliário (no país, há um clássico debate "ações *versus* imóveis").[8] Dados do Banco Central da Nova Zelândia, investimentos no setor imobiliário correspondem a cerca de 73% do patrimônio das famílias neozelandesas. A título de comparação, em 2012, essa modalidade de investimento correspondia a 56% do patrimônio das famílias australianas e a 22% do das norte-americanas.[9]

[4] CAMERON, R. Why mixed ownership model matters? *New Zealand Herald*, 12 maio 2012. Disponível em: http://www.nzherald.co.nz/business/news/article.cfm?c_id=3&objectid=10804291. Acesso em: 11 jun. 2017.

[5] CAMERON, L. Investor Protection and the New Zealand Stock Market. New Zealand Treasury. *Policy Perspectives Paper 07/02*, 2007, p. 4-6.

[6] Ainda que objeto de contestação (ver PARGENLDER, 2012b; ROE, 2006, p. 460), La Porta *et al.* sugerem que países de *common law* são mais aptos a nutrir e desenvolver seus mercados de capitais (LA PORTA *et al.*, 1998).

[7] "New Zealand's listed equity market is small by international standards. Stock market capitalization is 40 percent of GDP, less than half that of Australia but similar to that of China and Germany." RESERVE BANK OF NEW ZEALAND. 2015 Bulletin. *Bulletin*, v. 78, n. 3, May 2015. Disponível em: https://www.rbnz.govt.nz/-/media/ReserveBank/Files/Publications/Bulletins/2015/2015may78-3.pdf. Acesso em: 3 out. 2017. Análise de Linda Cameron para o Tesouro neozelandês aponta como possíveis fatores a justificar o baixo desenvolvimento do mercado capitais local: "1) Differences in savings policy and past tax settings could be contributing to low capitalisation; Low capitalisation could be a reflection of strong links between the New Zealand and Australian economies; There are strong global forces towards the centralisation of some stock market functions" (CAMERON, 2007).

[8] Ver: LISTER, M. Property versus shares. *NZ Herald*, 11 nov. 2015. Disponível em: http://www.nzherald.co.nz/business/news/article.cfm?c_id=3&objectid=11543122. Acesso em: 3 out. 2017. Ainda em: CRAIGS INVESTMENT PARTNERS. Investing in Shares or Property. New Zealand, Craigs Partners. (não há especificação de data da publicação, mas o texto traz análise até o ano de 2011).

[9] HUTCHISON, J. Messy Path to Privatization for New Zealand Power Company. *The New York*

O país não é inexperiente no processo de listagem de empresas estatais: no período de 1988 a 1998 foram implementados ao menos nove grandes projetos de desestatização,[10] quando foi lançada a mais nova empreitada nesse sentido, o Mixed Ownership Model (MOM), em 2011.

A ideia de que empresas estatais deveriam ter maior autonomia e funcionar de forma eficiente, por seu turno, surgiu na década de 1980, quando o governo reeleito, *Labour Party*, em uma guinada a partir de 1987, decidiu afastar-se do ideário de welfarista de Estado e adotar uma agenda de vertente mais neoliberal.[11]

Editada em 1986, a Lei das Empresas Estatais (*State-Owned Enterprise Act*) trouxe o ideal de *corporatization*, ou "transformação em sociedade anônima",[12] para a Administração Pública, com a exigência de que empresas estatais operassem seguindo modelos empresariais: departamentos governamentais com potencial de operar comercialmente foram transformados em empresas estatais dotadas de conselhos de administração, com performance mensurada em termos de lucros gerados para o Ministério responsável; a integralidade do capital acionário foi confiada em conjunto ao Ministério das Finanças e ao recém-criado Ministério das Empresas Estatais, sendo vedada a alienação de ações.[13] Desde que apresentassem balanço positivo, essas empresas tinham grande liberdade para operar em seus mercados.[14]

Apesar dos resultados gerados com a transformação das empresas estatais em sociedades anônimas,[15] o país continuava a se debater com altos

Times, 8 maio 2013. Disponível em: http://www.nytimes.com/2013/05/09/business/global/09iht-privatize09.html. Acesso em: 15 jun. 2017.

[10] Lista e detalhes dessas privatizações disponíveis em WILSON, J. Short History of Post-Privatisation in New Zealand. *New Zealand Treasury*, 2010, p. 1. Disponível em: https://treasury.govt.nz/sites/default/files/2017-11/mom-shppnz-wilson-dec10.pdf. Acesso em: 23 ago. 2020.

[11] CARDOW e WILSON (2012, p. 2).

[12] O *SOE Act* explicita que um de seus objetivos é autorizar a formação de companhias pelo Estado para desempenharem funções estatais. Já no art. 2º, estipula que o sentido do termo "companies" para a lei é o mesmo da *Companies Act*. No art. 30, estabelece exceções da aplicabilidade da *Companies Act* às recém-criadas SOEs. Íntegra da *SOE Act 1986* disponível em: http://www.legislation.govt.nz/act/public/1986/0124/latest/whole.html#DLM98432. Acesso em: 3 out. 2017.

[13] WORLD BANK, 1997. p. 104.

[14] CARDOW e WILSON (2012, p. 3).

[15] Relatório do Banco Mundial de 1996 aponta o sucesso do programa e informa que, nos quatro primeiros anos pós-implantação, 10 em cada 11 empresas teve melhoria de gestão e de prestação de serviços (relatório citado em GUISLAIN, P. *The Privatization Challenge*: A Strategic, Legal and

níveis de endividamento. A estratégia de aprofundar as reformas e alienar de forma mais abrangente ativos estatais passou a aparecer mais constantemente no discurso do governo.[16]

Com um mercado de capitais ainda pouco desenvolvido, na primeira metade da década de 1990 as primeiras privatizações ocorreram via alienação de ativos para companhias internacionais ou consórcios, que depois se responsabilizavam pela revenda de fatias desses ativos a investidores locais ou internacionais (*trade sale*).[17]

Com a chegada ao poder da coalizão de viés nacionalista *NZ First*,[18] em 1996, a política oficial de privatização passou a adotar os preceitos de que apenas ativos identificados como não estratégicos poderiam ser alienados, e, quando – e se – o fossem, neozelandeses deveriam ter acesso preferencial a eles. Foram essas as principais marcas das alienações ocorridas entre 1996 e 1999, quando a volta do *Labour Party* ao poder interrompeu a onda de privatizações.[19]

Os anos de 1985 a 1999 foram de constante experimentação e ganho de experiência para o governo neozelandês.[20] Passados dez anos de hiato, os discursos de abertura de empresas estatais à participação acionária de parceiros privados voltaram à agenda política.

Em pronunciamento de 26 de janeiro de 2011, o Primeiro Ministro John Key ressaltou o desejo do governo de alterar a composição acionária de algumas empresas estatais como forma alternativa de angariar recursos e informou que as três principais razões a fundamentar a escolha pelo MOM seriam: 1) ampliar a gama de investimentos disponíveis para os poupadores neozelandeses e aprofundamento do mercado de capitais; 2) conferir disciplina comercial mais rígida, mais transparência e maior controle externo para as estatais escolhidas; e 3) fornecer oportunidade para as companhias

Institutional Analysis of International Experience. World Bank Regional and Sectoral Studies. Washington, D.C.: The World Bank, 1997. p. 104). Ressalve-se, no entanto, que o Banco Mundial foi uma das principais instituições a defender essa agenda de reformas, motivo por que – à falta de outras fontes de informação – se evitou afirmar categoricamente se os resultados gerados foram positivos ou negativos.

[16] CARDOW e WILSON (2012, p. 4).

[17] CARDOW e WILSON (2012, p. 4).

[18] NZ First havia sido fundado em 1993 por Winston Peters, dissidente do Nationalist Party (CARDOW e WILSON (2012, p. 4).

[19] CARDOW e WILSON (2012, p. 5).

[20] CARDOW e WILSON (2012, p. 5).

inseridas no programa obterem capital para expandirem sua atuação, sem para isso dependerem exclusivamente do apoio estatal.[21]

No mesmo discurso, foram declinados os "Cinco Testes" (*Five Tests*) utilizados para a seleção das empresas estatais que integrariam o MOM. Foram eles: 1) a necessidade de manutenção do controle acionário pela Coroa, 2) os investidores locais deveriam ser privilegiados na fila de aquisição de ações, 3) as companhias inseridas no programa deveriam representar bons investimentos para os investidores, 4) os recursos economizados com o programa deveriam ser revertidos em benefício dos contribuintes e 5) o governo deveria se certificar de que a regulamentação dos serviços prestados pelas companhias inseridas no programa seria adequada à proteção dos consumidores.[22]

Interessante notar que cada um dos requisitos contidos nos "Cinco Testes" parece atender a receios fruto de tentativas frustradas de aberturas de capital anteriores. Um olhar retrospectivo sobre as primeiras levas de privatizações gera opiniões divididas entre aqueles que consideram as tentativas bem-sucedidas e rentáveis para o Estado, dados os impactos positivos para o mercado de capitais local, e aqueles para quem tais procedimentos foram considerados malsucedidos e geraram resultados subótimos, especialmente críticos à necessidade de reestatização de duas companhias privatizadas (a Air New Zealand e a New Zealand Rail)[23] – além disso, alegavam que importantes ativos públicos foram repassados a estrangeiros a valores irrisórios e que os custos sociais não compensaram os recursos angariados.[24]

As principais críticas ao MOM foram sintetizadas no documento resultante da consulta pública ao projeto de lei, promovida pelo Tesouro. Por ordem de quantidade de reclamações recebidas, os principais motivos de oposição ao projeto foram: a falta de racionalidade fiscal ou econômica a subsidiar a decisão do governo; a iniciativa representaria pensamento curto prazista por parte do governo; a estratégia de privatizar equivaleria

[21] NZ TREASURY. *Budget 2011 Information Release Release Document June 2011*, p. 3. Disponível em: https://treasury.govt.nz/publications/information-release/budget-2011-information-release. Acesso em: 23 ago. 2020.

[22] NZ TREASURY. *Mixed Ownership Model Descriptive Information*. 15.12.2011, p. 1. Disponível em: https://treasury.govt.nz/sites/default/files/2017-11/mom-di-15dec11.pdf. Acesso em: 23 ago. 2020.

[23] WILSON (2010).

[24] CARDOW e WILSON (2012, p. 1-16).

a entregar a prata da família; experiências pretéritas de privatização deveriam ser desincentivos à iniciativa; o fato de haver medidas alternativas à privatização; e a preocupação em relação à manutenção do patrimônio das companhias pós-privatização.[25]

O MOM foi efetivamente lançado em 2012, com a apresentação ao Parlamento neozelandês de um projeto de lei que promovia alterações ao *SOE Act 1986*, de modo a autorizar que as companhias escolhidas fossem removidas do seu âmbito de aplicação (sobretudo porque o *SOE Act* explicitamente proíbe a alienação de participação acionária pelo Estado), e à Lei de Finanças Públicas (*Public Finance Act 1989*), além de reiterar a previsão contida nos dois diplomas de que os direitos dos povos nativos, sacramentos do Tratado Waitangi, deveriam ser respeitados.

Tal projeto de lei definiu os contornos do MOM e estabeleceu que à Coroa era permitido alienar até 49% de sua participação acionária em quatro empresas estatais – Genesis Power Limited,[26] Meridian Energy Limited,[27] Mercury Energy (anteriormente denominada Mighty River Power Limited)[28] e Solid Energy New Zealand Limited[29] –, além de permitir a venda de mais 20% de sua participação acionária na Air New Zealand (que em 2010 estava em 73,72%).

O MOM trouxe, no entanto, a restrição de que nenhum outro acionista poderia concentrar em suas mãos mais de 10% de participação acionária alienada (para tanto, inseriu-se na Lei de Finanças Públicas a Seção 45S, que determina que "nenhuma outra pessoa – além da Coroa – poderá deter

[25] THE TREASURY. *Departmental Report on the Mixed Ownership Model Bill*. s.d. Disponível no *site* do parlamento neozelandês: https://www.parliament.nz/resource/mi-nz/50SCFE_ADV_00DBHOH_BILL11223_1_A241106/88a871ad66c02c52f25598a9416f501dced3e762. Acesso em: 7 fev. 2018.

[26] A Genesis Energy Limited é especializada na geração e na distribuição de energia elétrica. Mais informações: https://www.genesisenergy.co.nz/company-information. Acesso em: 20 jun. 2017.

[27] A Meridian Energy Limited é especializada na geração de energia elétrica a partir de fontes renováveis, em especial hidrelétricas e energia eólica. Disponível em: https://www.meridianenergy.co.nz/. Acesso em: 20 jun. 2017.

[28] Especializada na produção de energia elétrica de fontes renováveis, em especial hidroelétricas e geotermais. Disponível em: https://www.mercury.co.nz/Products. Acesso em: 20 jun. 2017.

[29] Os planos de privatização parcial da companhia de mineração Solid Energy New Zealand foram abandonados em 2012 quando auditoria a seus livros indicou um passivo de $389 milhões. A partir de então, o governo passou a preparar um plano de recuperação da companhia, em vez da planejada abertura de capital. Mais informações em: HUTCHISON, J. Messy Path to Privatization for New Zealand Power Company. *The New York Times*, 8 maio 2013. Disponível em: http://www.nytimes.com/2013/05/09/business/global/09iht-privatize09.html. Acesso em: 15 jun. 2017.

participação relevante que lhe confira mais de 10% do capital votante de uma companhia inserida no *Mixed Ownership Model*").[30] Percebe-se, portanto, que o modelo de desestatização do MOM representa a escolha política por um meio-termo, quando consideradas privatizações integrais feitas em décadas anteriores.[31]

Sob o modelo do MOM, as companhias de capital misto ficam sujeitas à Lei de Sociedades (*Companies Act*), lei aplicável às companhias privadas, e estão excluídas do âmbito de aplicação da maioria das disposições da Lei de Empresas Estatais (*SOE Act*). No tocante à Lei de Finanças Públicas, aplicam-se a elas exclusivamente as disposições inseridas por meio do Capítulo 5A, que contém as Seções 45P a 45X. A submissão das companhias de capital misto à vigilância do órgão de controle neozelandês, *Controller and Audit General of New Zealand*, foi explicitada durante a tramitação do projeto de lei do MOM no Parlamento.[32]

Diferentemente do *SOE Act*, a legislação do MOM não garante nenhum poder de controle especial à Coroa, sendo os poderes de ingerência e os mecanismos públicos de *accountability* do Estado consideravelmente reduzidos. A tutela das companhias não mais é de responsabilidade direta dos Ministérios, as companhias ficam dispensadas da divulgação dos documentos exigidos pela Seção 14 do *SOE Act*[33] (que trata especialmente da divulgação do "statement of corporate intent") e os Ministérios não mais poderão influenciar a estratégia comercial por meio da publicação de diretivas às

[30] No original: "45S – 10% limit on holdings by persons other than the Crown (1) No person (other than the Crown) may have a relevant interest in securities that confer more than 10% of the voting rights of a mixed ownership model company (the 10% limit)". *Mixed Ownership Model Bill*. Disponível em: http://www.legislation.govt.nz/bill/government/2012/0007/13.0/DLM4326338.html. Acesso em: 25 jun. 2017.

[31] Lista com as principais privatizações (e re-estatizações) ocorridas até 2010 foi divulgada pelo Tesouro neozelandês e encontra-se disponível em Wilson (2010. p. 1).

[32] Nos termos do Parecer da *Finance and Expenditure Committee*, quando da análise do Projeto de Lei do MOM, "Public Audit Act In Schedule 2, we recommend by majority inserting an amendment to the Public Audit Act 2001 to make it clear that the mixed ownership model companies would be subject to that Act. There is no doubt about the application of the Public Audit Act, as the Crown would retain a 51 percent shareholding and so would control the composition of the board of each mixed ownership model company. Nevertheless, the majority of us consider the amendment desirable for legislative clarity" (p. 6). Disponível em: https://www.parliament.nz/resource/en-NZ/50DBSCH_SCR5494_1/a4bdfac68d1c0411e58c397a961f96714350357f. Acesso em: 15 jun. 2017.

[33] Disponível em: http://www.legislation.govt.nz/act/public/1986/0124/latest/whole.html#DLM98050.

companhias. O envio de *Statement of Corporate Intentions* e dos relatórios anuais ao Congresso também deixa de ser obrigatório e as companhias ficam excluídas também do âmbito de aplicação da Lei de Acesso à Informação (*Official Information Act 1982*) e da Lei de *Ombudsmen* (*Ombudsmen Act* 1975).[34]

Assim, em relação às companhias de energia elétrica submetidas ao MOM, não foram conferidos poderes especiais ao Estado como acionista: no tocante às obrigações legais, o papel da Coroa e do Ministério acionista fica restrito ao de um acionista controlador como outro qualquer regido pela Lei de Sociedades (*Companies Act 1993*).[35]

Entre os poderes do Estado, como controlador – já que detém 51% das ações com direito a voto –, estão a capacidade de alienar ações, eleger e destituir membros do conselho de administração. No tocante às matérias que exijam quórum qualificado de 75%[36] (denominadas *special resolutions*[37] pelo *Companies Act*), a propriedade de 51% garante ao Estado apenas um poder de voto significativo – e, por decorrência, poder de veto – em matérias como alteração do estatuto social, aprovação de grandes operações, fusões e aquisições ou liquidação da companhia.[38]

O documento "Manual de Expectativo" do Proprietário ("Owner's Expectations Manual"), editado em 2012, delineia as expectativas dos Ministérios

[34] BOWMAN, E. *The principles of the treaty of waitangi clause in the mixed ownership model legislation.* Dissertação de Mestrado. Faculty of Law University of Otago October 2012. p. 26.

[35] BOWMAN (2012, p. 28).

[36] Nos termos da Seção 2 do *Companies Act*: "**special resolution** means a resolution approved by a majority of 75% or, if a higher majority is required by the constitution, that higher majority, of the votes of those shareholders entitled to vote and voting on the question".

[37] Nos termos da Seção 106 do *Companies Act*: "**106 Powers exercised by special resolution** (1) Notwithstanding the constitution of a company, when shareholders exercise a power to – (a) adopt a constitution or, if it has one, alter or revoke the company's constitution: (b) approve a major transaction: (c) approve an amalgamation of the company under section 221: (d) put the company into liquidation, – the power must be exercised by special resolution. (2) A special resolution pursuant to paragraph (a) or paragraph (b) or paragraph (c) of subsection (1) can be rescinded only by a special resolution. (3) A special resolution pursuant to paragraph (d) of subsection (1) cannot be rescinded in any circumstances." Íntegra do *Companies Act* disponível em: http://www.legislation.govt.nz/act/public/1993/0105/latest/DLM319570.html. Acesso em: 15 jun. 2017.

[38] "Under company law the Crown will be able to sell its shares in the energy companies, and will be able to appoint or remove directors by ordinary resolution (using its majority share of the voting rights). The Crown will also have a significant voting right which effectively equates to at least a veto vote, on issues that require a special resolution of shareholders. This is required when a company is adopting, altering or revoking its constitution, approving a major transaction, approving an amalgamation of the company, or putting the company into liquidation" (BOWMAN, 2012, p. 28).

acionistas para as companhias nas quais detêm participação acionária e fornece um panorama dos direitos e deveres do Estado neozelândes como proprietário. Atualização ao Manual, em junho de 2018, tornou as diretrizes do texto ainda mais rigorosas, ao delimitar áreas em que as empresas estatais poderiam fazer decisões de investimento, além de criar novas orientações para avaliação dos conselhos de administração de empresas estatais, incluindo a obrigatoriedade de avaliação independente a cada três anos.[39]

Por seu turno, no documento "Carta do Tesouro às companhias listadas que possuem participação majoritariamente estatal",[40] endereçada aos Presidentes dos conselhos de administração das companhias que integram o MOM, o Tesouro firma compromisso de que a Coroa não irá usar sua posição de acionista controlador para influenciar as companhias a tomar decisões com objetivos não comerciais e esclarece que o Tesouro espera que as decisões tomadas pela companhia tenham cunho comercial.[41]

Diferentemente das companhias de energia elétrica, na Air New Zealand requisitos regulatórios e ações de classe especial conferem ao Estado, como acionista, um maior poder de ingerência na tomada de decisões societárias. Os requisitos regulatórios específicos da companhia incluem a necessidade de a Coroa consentir com a alienação de mais de 10% do capital social para outro país ou com a aquisição de participação acionária por acionista de outra companhia aérea.[42,43] Poderes semelhantes não foram conferidos às companhias recentemente sujeitas à desestatização.[44]

[39] NEW ZEALAND TREASURY. *Owner's Expectation Manual. Crown Ownership Monitoring Unit.* New Zealand, 2012. Ver também OECD (2020, p. 27 e 49).

[40] No original, "Letter to Majority Owned Companies – The Treasury's Monitoring of and Engagement with Listed Companies that are Majority-owned by the Crown", datada de 21 de outubro de 2014, divulgada em 5 de novembro de 2014 no *site* do Tesouro neozelandês. Disponível em: http://www.treasury.govt.nz/publications/informationreleases/mixedownership. Acesso em: 15 out. 2017.

[41] No original: "The Crown will not use its position as majority shareholder to influence the companies to make non-commercial decisions. Company decision making rests at all times with their boards 1, and the Treasury expects all company decisions to be commercial". Letter to Majority Owned Companies – The Treasury's Monitoring of and Engagement with Listed Companies that are Majority-owned by the Crown. p. 2. Disponível em: http://www.treasury.govt.nz/publications/informationreleases/mixedownership. Acesso em: 15 out. 2017.

[42] BOWMAN (2012, p. 28).

[43] A existência de *kiwi share* no capital social da companhia aérea foi explicitada no prospecto. Ver: AIR NEW ZEALAND. *Simplified Disclosure Prospectus*, p. 20. Disponível em: https://p-airnz.com/cms/assets/NZ/PDFs/airnz-simplified-disclosure-prospectus-04sep11.pdf. Acesso em: 5 jul. 2017.

[44] BOWMAN (2012, p. 28).

A atuação da Coroa como acionista controladora nas companhias inseridas no MOM foi explicitada, de forma padronizada, em cada um dos prospectos divulgados previamente à venda de ações em Bolsa. Os prospectos da Mercury Energy (anteriormente denominada Mighty River Power),[45] Genesis Energy[46] e Meridian Energy,[47] na seção "Relacionamento da Coroa com a [*nome da companhia*]", reforçam as seguintes prerrogativas da Coroa como acionista controladora:

a) Acionista controladora: como detentora de 51% do capital votante da companhia, a Coroa será capaz de controlar os resultados da votação de matérias que dependam de maioria para sua aprovação, a exemplo de resoluções para eleição e destituição de Conselheiros. Ainda, a Coroa terá influência significativa em votações que dependam de quórum de 75% para aprovação (a exemplo de alterações do Estatuto Social e aprovação de operações de larga escala). A preponderância do protagonismo estatal fica acentuada ao se levar em consideração que parte dos acionistas minoritários não costuma exercer seu direito de voto.
b) Presidência do Conselho: o Presidente do Conselho deverá ter o nome aprovado pelo Ministro de Finanças.
c) Partes Relacionadas: operações entre a companhia e a Coroa (sejam órgãos, agências, entidades estatais) ou outras companhias controladas pela Coroa, que excedam os patamares fixados pelas regras de listagem da NZX, deverão ser submetidas à aprovação dos acionistas, ficando a Coroa proibida de participar da votação. No entanto, à Meridian Energy a NZX concedeu um *waiver* à obrigação de obter aprovação dos acionistas quando a companhia firmar acordos de transmissão de energia com a Transpower em circunstâncias específicas.[48]

[45] *Mighty River Power Investment Statement and Prospectus*, p. 70-79. Disponível em: http://www.treasury.govt.nz/downloads/commercial/mixed-ownership-model/mrp-2602129.pdf. Acesso em: 5 jul. 2017.

[46] THE GENESIS ENERGY SHARE OFFER. 2014. p. 26. Disponível em: https://treasury.govt.nz/sites/default/files/2017-11/gel-2943802.pdf. Acesso em: 23 ago. 2020.

[47] *Meridian Energy Limited Investment Statement and Prospectus*, p. 76-84. Disponível em: https://www.interest.co.nz/files/bonds/mel010.pdf. Acesso em: 23 ago. 2020.

[48] No Prospecto da Meridian Energy, p. 78: "NZX MAIN BOARD LISTING RULES Following the completion of the Offer, the Crown (including Crown departments, agencies and entities) and companies in which the Crown has a majority shareholding will be 'Related Parties' of Meridian for the purposes of the NZX Main Board Listing Rules. *As a result, any transactions between Meridian*

d) Tratado de Waitangi: as obrigações de respeito aos direitos à propriedade da terra, firmadas com o povo nativo, no âmbito do Tratado de Waitangi, obrigam apenas à Coroa, não sendo vinculativas para entes privados como as companhias, seus administradores ou acionistas (excluída a acionista Coroa).

Como a listagem é etapa obrigatória no MOM, as companhias inseridas no programa (e as empresas estatais listadas, de um modo geral) também estão sujeitas tanto à disciplina da autoridade do mercado financeiro, a Financial Market Authority (FMA), quanto às regras da bolsa de valores local, a New Zealand Exchange (NZX).

Em 2002, a reforma da Lei de Mercados de Capitais de 1998, por meio da *Securities Markets Amendment Act* (ou SMAA2002), promoveu um arranjo de corregulação entre a NZX, responsável direta pela efetivação das regras de conduta no mercado, e a New Zealand Securities Commission (NZSC – que, em 2011, passou a ser denominada Financial Market Authority – FMA), regulador responsável por punir infrações legais. O papel de autorregulador do mercado de valores mobiliários da NZX foi reforçado a partir de 2003, com sua desmutualização e com a adoção do Código de Práticas de Governança Corporativa.[49]

Ainda que os primeiros esforços de divulgação de normas de governança corporativa no país tenham acontecido já no início da década de 1990,[50] em especial depois da promulgação da Lei de Sociedades de 1993, o primeiro resultado mais consistente foi obtido, em 2004, com a reunião de esforços

and the Crown (including Crown departments, agencies and entities) or other companies in which the Crown has a majority shareholding, that exceed certain materiality thresholds set out in the NZX Main Board Listing Rules, will require the approval of a majority of Shareholders entitled to vote on that transaction. The Crown will not be entitled to exercise its voting rights in favor of any resolution to approve such a transaction. However, NZX has granted a waiver from the requirement to obtain Shareholder approval where Meridian enters into transmission agreements with Transpower in specified circumstances and those agreements exceed the materiality thresholds. The waiver, including the circumstances in which the waiver applies, are described in 7.3 Statutory Information under the heading "NZX Main Board Listing Rule Waivers and Approval". (grifei). A parte grifada consta também do prospecto da Mighty River Power (p. 71), nos mesmos termos.

49 REDDY, K. The efficacy of the principle-based corporate governance practices: a case study of New Zealand. *Int. J. Corporate Governance*, v. 4, n. 2, p. 142, 2013.

50 A exemplo dos esforços da NZX para incluir normas de condutas para administradores entre as regras de listagem, da publicação em 1993 pelo Instituto de Administradores (*Institute of Director's* [IOD]) de um Código de Melhores Práticas para Administradores (REDDY, 2013).

do Instituto de Contadores Juramentados da Nova Zelândia (New Zealand Institute of Chartered Accountants of New Zealand – NZICA), NZSC (transformada na FMA em 2011) e NZX, para a publicação unificada de um Código de Melhores Práticas de Governança Corporativa.[51]

A partir de então, normas de *soft law* de governança corporativa proliferaram na Nova Zelândia, com destaque para o *Corporate Governance in New Zealand: Principles and Guidelines*, da FMA,[52] e o *NZX Corporate Governance Code*[53] (o qual foi revisado e aprovado pela FMA). Os dois documentos preveem que a adoção das normas neles contidas aplicam-se a todas as companhias listadas, inclusive para aquelas que tenham o Estado como acionista ou proprietário. Ainda que não traga regras de governança corporativa especificamente voltadas às companhias de capital misto, há espaço para que eventuais incompatibilidades de aplicação das normas sejam divulgadas e esclarecidas, com base na lógica do "cumpra ou explique" ("comply or explain"). Por seu turno, apesar de não se autointitular código de governança corporativa para estatais, o *Owner's Expectation Manual* cumpre essa função ao trazer regras de *soft law* de como o Estado deve se comportar como acionista, deveres dos conselheiros, como será feito o monitoramento ministerial, normas de conformidade (*accountability*) e de transparência, entre outras.

A listagem de companhias neozelandesas na bolsa australiana (AUX) é comum[54] e tornou-se mais fácil a partir de 2015, quando foi lançado um programa específico para facilitar a dupla listagem, com redução de requisitos, custos e documentação necessários para o processo de listagem de companhias já listadas na NZX.[55] Essa tendência se reflete também entre as companhias de capital misto – todas as companhias inseridas no MOM estão também listadas na AUX: Air New Zealand (listada desde

[51] REDDY (2013, p. 142).

[52] Disponível em: https://www.fma.govt.nz/assets/Guidance/141201-FMA-Corporate-Governance-Handbook-Principles-and-Guidelines2014.pdf. Acesso em: 23 ago. 2020.

[53] Disponível em: https://www.nzx.com/regulation/nzx-rules-guidance/corporate-governance-code. Acesso em: 23 ago. 2020.

[54] Segundo dados de 2016 da AUX, 9 das 10 NZX companhias e 60% das 50 NZX possuem dupla listagem. Disponível em: http://www.asx.com.au/education/investor-update-newsletter/201607-why-more-new-zealand-companies-are-dual-listing-on-asx.htm. Acesso em: 28 jun. 2017.

[55] Ver o Guia de Dupla Listagem para Companhias Neozelandesas. Disponível em: https://www.asx.com.au/documents/public-consultations/Response_to_Consultation_NZX_Foreign_Exempt_Listings.pdf. Acesso em: 23 ago. 2020.

1º.7.2002),[56] Genesis Energy Limited (listada desde 17.4.2014), Meridian Energy Limited (listada desde 29.10.2013) e Mercury Energy Limited (listada desde 10.5.2013).[57]

Kiwi Shares. A forma utilizada pelo Estado neozelandês de garantir sua influência nas empresas estatais nos processos iniciais de desestatização ocorreu por meio das *kiwi shares*, modalidade local de *golden shares*, ações sem direito a voto ou dividendos, mas que garantem ao Estado, como acionista, poder de veto ou ingerência em determinadas matérias. Os dois usos clássicos dessa modalidade de ação ocorrem nos processos de desestatização da Telecom NZ Limited e da Air New Zealand, ambos de privatização integral, tendo sido a Air New Zealand posteriormente reestatizada.

No caso da abertura de capital da Telecom New Zealand Limited, vendida em 1990 para um consórcio de empresas norte-americanas (com o compromisso de que parte das ações seria posta em *free-float* e ficaria à disposição da população local), as *kiwi shares* foram utilizadas para garantir a agenda social redistributiva do governo. Assim, para além das obrigações antitruste e regulatórias contidas na Lei de Telecomunicações (às quais todas as demais companhias em operação no setor estavam adstritas), a Telecom ficou obrigada a três outras disposições fruto da *kiwi share*: 1) o preço do aluguel de telefones residenciais não subiria mais que o Índice de Preço ao Consumidor (*Consumer Price Index* – CPI), a não ser que isso gerasse restrição não razoável à rentabilidade da companhia; 2) na lógica de universalização de serviços, o preço de aluguel de linhas rurais não excederia o valor urbano; 3) consumidores residenciais continuariam a ter o serviço de ligações locais sem tarifas.[58,59]

[56] AIR NEW ZEALAND. Incorporation and listing. s.d. Disponível em: https://www.airnewzealand.com/incorporation-and-listing. Acesso em: 27 mar. 2018.

[57] *Site* da ASX. Disponível em: http://www.asx.com.au/asx/share-price-research/company/MEZ/details. Acesso em: 28 jun. 2017.

[58] "The 'Kiwi Share' bound Telecom to three explicit obligations: that the price of residential telephone rentals would not rise faster than the Consumer Price Index (CPI) unless profits were unreasonably impaired (the 'price cap' obligation); that rural residential line rental prices would not exceed urban residential line rentals (the 'universal service' obligation); and that residential customers would continue to be offered a tariff with no charges for local calls (the 'free local calling' obligation) 2 (Boles de Boer & Evans, 1996)." HOWELL, B. Strategic Interaction Under Asymmetric Regulation: the "Kiwi Share" in New Zealand Telecommunications. *Working Paper Series 4016*, Victoria University of Wellington, The New Zealand Institute for the Study of Competition and Regulation, p. 3-4, 2008.

[59] Com a liberalização do setor e listagem da Telecom em 1991, a concorrente Clear Communications ingressou no Judiciário alegando a ilegalidade das *kiwi shares* em face da Seção 36 da Lei

Já na Air New Zealand, a inserção de *kiwi share* no estatuto social da empresa estatal ocorreu previamente à sua privatização, em 1989, quando a companhia aérea foi adquirida por um consórcio formado por Brierley Investments, Qantas, Japan Airlines e American Airlines (com a previsão de que na Oferta Pública de Ações [OPA] um primeiro lote de "Ações A" seria direcionado exclusivamente a investidores neozelandeses, em 1990, seguido, em 1991, de um lote de "Ações B", sem restrições de nacionalidade).

No contexto da companhia aérea, a *kiwi share*, no valor de $1, teve titularidade confiada ao Ministério dos Transportes e conferia ao acionista detentor o direito de vetar alterações na estrutura acionária da companhia.[60]

Em 1996, a malsucedida aquisição pela Air New Zealand da Ansett Holdings, proprietária da companhia aérea doméstica Ansett Airlines, representou um dos maiores fracassos empresariais na história do país. Na ânsia pela expansão internacional, a falta de correta auditoria dos livros da Ansett fez com que seus problemas financeiros contaminassem a saúde da Air New Zealand. Diante de uma proposta de salvamento via maior participação societária da Qantas, o governo neozelandês, cioso de perder o controle da Air New Zealand, decidiu voltar atrás na privatização e readquiriu o controle da companhia (a operação de salvamento da companhia se deu em duas etapas: inicialmente, o governo realizou um empréstimo no valor de $ 300 milhões, valor a ser devolvido na forma de ações preferenciais conversíveis em participação acionária de 24%; além disso, $ 585 milhões foram aplicados pelo governo na compra de ações ordinárias da companhia).[61]

Comercial, que regula o abuso de posição dominante. No entanto, em decisão de última instância proferida pelo Privy Council of Great Britain, em 1994, firmou-se o entendimento de que não estava comprovado que os preços praticados pela Telecom incluíam renda monopolista além daquela necessária para que a companhia adimplisse suas obrigações relacionadas às *kiwi shares* (HOWELL, 2008, p. 13).

[60] Nos termos do Estatuto Social da Air New Zealand: "3.2 Classes of Shares: At the time of adoption of this Constitution, the Company's issued share capital consists of Ordinary Shares, and one special rights convertible preference share (the 'Kiwi Share'). 3.3 Limitation on Airline Ownership: No person that owns or operates an airline business, nor any other person where the first-mentioned person and that other person are Associated Persons, may hold or have an Interest in an Equity Security unless the prior written consent of the Kiwi Shareholder has been given to such holding or Interest, and any such consent may be given on such terms and conditions as the Kiwi Shareholder thinks fit". Disponível em: https://www.airnewzealand.co.nz/constitution. Acesso em: 4 jul. 2017.

[61] NZ HERALD. Air New Zealand gets Government cash, pays off Ansett. *NZ Herald*, 4 out. 2001. Disponível em: http://www.nzherald.co.nz/nz/news/article.cfm?c_id=1&objectid=220613. Acesso em: 5 out. 2017.

Assim, em 2002, doze anos depois da privatização, a companhia voltava em definitivo às mãos do Estado:[62] a participação acionária estatal atingiu um percentual de 73,72%, o qual somente foi reduzido para 51% com a inserção da companhia no MOM, em 2012.

Atualmente, a maioria do capital social permanece com o Estado (via Ministério das Empresas Estatais e Ministério das Finanças), e o exercício dos poderes e direitos da *kiwi share* permanece restrito ao Ministério dos Transportes.[63] Destaque-se que, dada a existência da *kiwi share* e de requisitos regulatórios de propriedade e de transferência de ações ordinárias da companhia,[64] as ações da Air New Zealand listadas na NZX estão sob a designação "não standard" (non-standard ou NS).[65]

Conselho de administração. Composição. A disposição da Lei de Empresas Estatais que veda nomeação de políticos – Seções 30(2)f e 30(3)[66] – para cargos em conselhos de administração de empresas estatais não é aplicável às companhias inseridas no MOM, que se submetem exclusivamente às disposições da Lei de Sociedades (Seção 151).[67] Conforme informações

[62] BEISHEIM, M.; WEIZSACKER, E. U. von; YOUNG, O. R. & FINGER, M. *Limits to Privatization*: How to Avoid Too Much of a Good Thing: a Report to the Club of Rome. London: Earthscan, 2005. p. 102-104.

[63] MINISTRY OF TRANSPORT. Air. 31 de maio de 2017. Disponível em: http://www.transport.govt.nz/air/. Acesso em: 29 jun. 2017.

[64] Incorporados ao Estatuto Social nas Seções 3.3 e 3.4, que dispõem que "3.3 Limitation on Airline Ownership: No person that owns or operates an airline business, nor any other person where the first-mentioned person and that other person are Associated Persons, may hold or have an Interest in an Equity Security unless the prior written consent of the Kiwi Shareholder has been given to such holding or Interest, and any such consent may be given on such terms and conditions as the Kiwi Shareholder thinks fit. 3.4 Limitation on Ownership by Non-New Zealand Nationals: No person who is not a New Zealand National may hold or have an Interest in Equity Securities which confer 10 percent or more of the total Voting Rights for the time being unless the prior written consent of the Kiwi Shareholder has been given to such holding or Interest, and any such consent may be given on such terms and conditions as the Kiwi Shareholder thinks fit". Disponível em: https://p-airnz.com/cms/assets/NZ/PDFs/airnz-constitution-23sep09.pdf. Acesso em: 4 jul. 2017.

[65] AIR NEW ZEALAND. Incorporation and listing. s.d. Disponível em: https://www.airnewzealand.com/incorporation-and-listing. Acesso em: 29 jun. 2017.

[66] *SOE Act* "30. Qualifications of members [...] (2) The following persons are disqualified from being members: [...] (f) a member of Parliament: [...] (3) However, subsection (2)(f) does not disqualify a person who is elected (rather than appointed) to office as a member under any other Act". Disponível em: http://www.legislation.govt.nz/act/public/2004/0115/latest/DLM329956.html. Acesso em: 6 jul. 2017.

[67] Requisitos para nomeação de membros do conselho, pela Lei de Sociedades. Disponível em: http://www.legislation.govt.nz/act/public/1993/0105/latest/DLM320690.html. Acesso em: 6 jul. 2017.

prestadas pelo governo neozelandês à OCDE, membros do Parlamento e servidores públicos são proibidos de tomar assento no conselho de administração de empresas estatais listadas, os quais são compostos exclusivamente por conselheiros independentes.[68]

Os requisitos de elegibilidade para conselheiros das companhias inseridas no MOM estão contidos na Seção 151[69] da *Companies Act*, além dos requisitos fixados pelo Tesouro neozelandês, que abriga o Treasury's Commercial Operations group, órgão responsável pelo processo de indicação de conselheiros para empresas estatais com fins comerciais.[70]

O Tesouro da Nova Zelândia ressalva que todos os cidadãos são bem-vindos a se candidatarem para uma vaga de conselho, por meio do cadastro do currículo no *site* institucional do órgão.[71] Adverte, no entanto, que servidores públicos, de forma geral, não são elegíveis (não há especificação de que cargos ou posições são abrangidos pela vedação).[72]

Em carta aberta aos Presidentes dos conselhos de administração das companhias que integram o MOM, o Tesouro ressalta que os prospectos das companhias (no original, *offer documents*) não estabeleceram nenhum processo de indicação de conselheiros, para além dos previstos na *Companies Act* e nos estatutos sociais de cada companhia, mas ressalvaram que a Coroa – como detentora de 51% do capital votante – terá a capacidade de controlar o resultado de decisões sobre eleição e remoção de conselheiros. Como acionistas controladores, os Ministros têm a expectativa de ser consultados pelas companhias inseridas no MOM quando das indicações para o conselho, seguindo o seguinte processo:[73]

[68] OECD (2016, p. 43).

[69] Requisitos para nomeação de membros do conselho, pela Lei de Companhias. Disponível em: http://www.legislation.govt.nz/act/public/1993/0105/latest/DLM320690.html. Acesso em: 6 jul. 2017.

[70] Mais informações disponíveis no *site* do Tesouro, na aba "Board Appointments". Disponível em: http://www.treasury.govt.nz/statesector/boardappointments. Acesso em: 15 out. 2017.

[71] Com esse fim, foi criado o *site* http://www.boardappointments.co.nz/, que lista ainda as oportunidades abertas, com descrição das responsabilidades do cargo.

[72] THE TREASURY. Board Appointments: What we look for. Disponível em: https://treasury.govt.nz/information-and-services/commercial-portfolio-and-advice/board-appointments/what-we-look. Acesso em: 23 ago. 2020.

[73] Letter to Majority Owned Companies – The Treasury's Monitoring of and Engagement with Listed Companies that are Majority-owned by the Crown, p. 4. Disponível em: http://www.treasury.govt.nz/publications/informationreleases/mixedownership. Acesso em: 15 out. 2017.

a) o conselho de administração de cada companhia é responsável pelo processo de busca por nomes adequados;
b) ao fim do processo, a companhia irá aconselhar o Ministro acionista e o Tesouro quanto ao candidato indicado;
c) o Tesouro irá aconselhar o Ministério acionista quanto ao nome escolhido pela companhia, que também poderá buscar aconselhamento com seus pares, por meio do Gabinete de Indicações e *Honours Committee*;
d) Ministérios e/ou Tesouro darão *feedback* à companhia e ao candidato; e,
e) levando em consideração a opinião do Ministério e do Tesouro, o conselho de administração irá decidir se o candidato está apto para ser levado à apreciação da Assembleia de Acionistas. Além disso, Ministérios acionistas podem divulgar uma lista com requisitos genéricos que eles gostariam de ver contemplados nos conselheiros (qualificações, experiência, diversidade, entre outros).

Tanto nas companhias elétricas do MOM quanto na Air New Zealand, o Presidente do Conselho deve ser escolhido pelo próprio conselho de administração, entre seus membros, e submetido à aprovação do Ministro de Finanças.[74]

No tocante à presença de conselheiros independentes nas companhias inseridas no MOM, como companhias listadas, aplica-se a elas a exigência de que no mínimo dois conselheiros sejam independentes, ou, havendo mais de oito assentos no conselho, ao menos três (ou um terço, o que for maior) vagas lhes sejam reservadas.[75] O conceito de independência é, no entanto, aberto: as regras de listagem da NZX determinam que são independentes os conselheiros que não sejam administradores da companhia ou que com ela não tenham algum relacionamento desqualificador (ou seja, interesse direto ou indireto ou relacionamento que afete materialmente a decisão do conselheiro em relação à companhia, a exemplo de participação acionária relevante).[76]

[74] Letter to Majority Owned Companies – The Treasury's Monitoring of and Engagement with Listed Companies that are Majority-owned by the Crown, p. 4. Disponível em: http://www.treasury.govt.nz/publications/informationreleases/mixedownership. Acesso em: 15 out. 2017.

[75] Cláusula 2.3.1(c). NZX Listing Rules. 2020. Disponível em: https://www.nzx.com/regulation/nzx-rules-guidance/main-board-debt-market-rules. Acesso em: 23 ago. 2020.

[76] No original: "Independent Director: means a director who is not an Employee of the Issuer and who has no Disqualifying Relationship" (NZX Listing Rules. 2020, p. 15. Disponível em:

Remuneração. Das companhias inseridas no MOM, Meridian e Mighty River deram ampla publicidade à política de remuneração de seus conselheiros e diretores nos prospectos[77] divulgados previamente às ofertas públicas de ações: para os conselheiros, esclarece-se que nenhum deles receberá verba além da remuneração pelo exercício do cargo, nos valores fixados pela assembleia de acionistas, e ressarcimento pelas despesas com viagens. Já para os diretores, os valores são fixados pelos comitês de recursos humanos da companhia, que avalia o desempenho anual e utiliza informações do mercado para estipular o arranjo de remuneração. A remuneração é composta de três elementos: remuneração fixa, incentivos de performance de curto prazo e incentivo de performance de longo prazo.

Para as ofertas de ações da Air New Zealand e Genesis, as informações referentes à política de remuneração dos executivos não constam dos prospectos divulgados.[78] Aplicam-se, porém, as regras contidas na Seção 161 do *Companies Act*.[79]

As empresas públicas incluídas no MOM não se submetem às normas de remuneração aplicáveis às empresas públicas; em esclarecimentos prestados pelo Tesouro, a política de remuneração de administradores deve seguir diretrizes das autoridades do mercado de capitais e da própria companhia.[80]

Quando da consulta pública ao projeto de lei do MOM, a sugestão de imposição de limites à remuneração de administradores foi descartada pelo Tesouro, para quem "a matéria escaparia do escopo do projeto de lei" e "limites arbitrários à remuneração de administradores seria[m]

https://www.nzx.com/regulation/nzx-rules-guidance/main-board-debt-market-rules. Acesso em: 23 ago. 2020).

[77] "None of the directors is entitled to any remuneration from Mighty River Power except for directors' fees and reasonable travelling, accommodation and other expenses incurred in the course of performing duties or exercising powers as directors. The Company's Shareholders have approved annual fees of $85,000 for each director, $150,000 for the Chair, $106,250 for the Deputy Chair and an additional aggregate allowance of $85,000 for board committee work." Mighty River Power Investment Statement and Prospectus. p. 68. Disponível em: https://www.meridianenergy.co.nz/investors/reports-and-presentations/share-offer-documents. Acesso em: 23 ago. 2020.

[78] Acesso ao prospecto da Air New Zealand via https://p-airnz.com/cms/assets/NZ/PDFs/airnz-simplified-disclosure-prospectus-04sep11.pdf. Acesso em: 5 jul. 2017.

[79] Seção 161 do *Companies Act* 1993.

[80] THE TREASURY. *Departmental Report on the Mixed Ownership Model Bill*. s.d. Disponível em: https://www.parliament.nz/resource/mi-nz/50SCFE_ADV_00DBHOH_BILL11223_1_A241106/88a871ad66c02c52f25598a9416f501dced3e762. Acesso em: 7 fev. 2018.

indesejável[indesejáveis], dado que administradores hábeis e qualificados precisam ser indicados para os conselhos de companhias de capital misto, e a remuneração recebida deve ser adequada à tarefa".[81]

Mobilização contra a desestatização. O processo de desestatização das companhias elétricas foi alvo de forte contestação por setores da sociedade. Dois movimentos contrários ao MOM surgiram depois do anúncio da nova leva de desestatizações: os reclames por um referendo que colhesse a opinião popular sobre o MOM e a alegação de que a desestatização da Mighty River violaria os direitos garantidos pelo Tratado de Waitangi. Nenhum dos dois logrou ter êxito em suas exigências.

Em 2013, grupos contrários à alienação de ativos públicos conseguiram colher assinaturas suficientes (mínimo de 10% dos eleitores registrados) para forçar o governo a realizar um referendo questionando a adesão da sociedade ao MOM.

Em 30 de setembro de 2013, o Primeiro Ministro John Key anunciou que o referendo seria feito pela via postal, entre 22 de novembro e 13 de dezembro daquele ano, mas já antecipou que o programa teria continuidade independentemente do resultado das urnas,[82] uma vez que a legitimidade do programa seria decorrência da eleição de seu partido. Na Nova Zelândia, referendos de iniciativa popular não têm a capacidade de vincular a ação do Estado.[83]

Votos apurados em dezembro de 2013 apontaram, além de uma elevada abstenção (55%), que 67% dos eleitores responderam "não"[84] à questão "Você apoia a iniciativa do Governo de vender até 49% da Meridian Energy, Mighty River Power, Genesis Power, Solid Energy e Air New Zealand?".

[81] THE TREASURY. *Departmental Report on the Mixed Ownership Model Bill.* s.d. Disponível em: https://www.parliament.nz/resource/mi-nz/50SCFE_ADV_00DBHOH_BILL11223_1_A241106/88a871ad66c02c52f25598a9416f501dced3e762. Acesso em: 7 fev. 2018.

[82] RUTHERFORD, H. Government to ignore asset sales referendum. *Stuff*, 12 mar. 2013. Disponível em: http://www.stuff.co.nz/national/politics/8412749/Government-to-ignore-asset-sales-referendum.

[83] NEW ZEALAND PARLIAMENT. Successful petition triggers a citizens initiated referendum, 2 set. 2013. Disponível em: https://www.parliament.nz/en/get-involved/features-pre-2016/document/00NZPHomeNews201309021/successful-petition-triggers-a-citizens-initiated-referendum.

[84] BRADDOCK, J. New Zealand government ignores asset sales referendum result. *World Socialist Web Site*, 24 dez. 2013. Disponível em: https://www.wsws.org/en/articles/2013/12/24/nzas-d24.html. Acesso em: 5 jul. 2017.

No entanto, em consonância com as declarações anteriores do governo, os resultados do referendo não alteraram os planos de continuidade na implementação do MOM.

O outro movimento contrário ao MOM teve início em outubro de 2012, quando o Conselho Maori, órgão representativo da população nativa, ingressou no Judiciário com o pleito de que a privatização da Mighty River Power, produtora de energia hidrelétrica, feriria os direitos do povo nativo à água, protegidos no Tratado de Waitangi.[85] Ainda que não tenha sido capaz de frear o processo de desestatização da companhia, a ação protelou em alguns meses seu andamento.

Entre as questões postas à apreciação da Suprema Corte estavam os reclames por algum tipo de compensação aos maori pela privatização da companhia; entre as soluções aventadas estavam a inserção de "ações *plus*" no capital da companhia privatizada, direito a *royalties* ou transferência da permissão de explorar água para o povo maori.[86]

Um dos argumentos utilizados pela Suprema Corte, em decisão de fevereiro de 2013, para refutar esses pleitos foi a proteção aos acionistas minoritários privados: dado que a propriedade e controle da Coroa em companhias elétricas seria reduzida pela privatização parcial, tais companhias passariam a ser geridas de maneira a respeitar os direitos dos acionistas minoritários e a gestão em prol da companhia, de responsabilidade de seus administradores.[87]

[85] Em suma, o Tratado de Waitangi foi firmado entre a Coroa (colonizadores ingleses) e o povo Maori em 1840, e contém três artigos (o conteúdo e a interpretação de cada um desses artigos divergem entre as versões inglesa e maori): 1) confere governança (ou soberania, na versão inglesa) à Coroa sobre o território; 2) os chefes Maori mantêm autoridade sobre suas vilas, terras e tesouros; o povo Maori se compromete a vender suas terras exclusivamente à Coroa; 3) povo Maori e súditos da Coroa possuem os mesmos direitos, a Coroa garante proteção aos Maori. Descrição dos artigos e problemas envolvendo o Tratado de Waitangi disponíveis no *site* do Tribunal Waitangi. Disponível em: https://www.waitangitribunal.govt.nz/treaty-of-waitangi/english-version/. Acesso em: 6 jul. 2017.

[86] Supreme Court of New Zealand. Media Release: The New Zealand Maori Council and Others v The Attorney-General and Others (SC 98/2012). *NZSC 6*, 27 fev. 2013. Disponível em: https://www.courtsofnz.govt.nz/cases/the-new-zealand-maori-council-v-the-attorney-general-2. Acesso em: 23 ago. 2020.

[87] No texto original: "Crown ownership and control of the power-generating companies will undoubtedly be diminished by privatisation. Once the power-generating companies become mixed ownership companies and have private shareholders, they will have to be run in a way which is consistent with the rights of the minority shareholders and directors will be required to act in a manner which is in the best interests of the company concerned. The important features of the

Em 2015, as críticas e os elogios ao programa refletiam, em parte, avaliações feitas a experiências anteriores de privatização. Se por um lado enalteciam-se o fortalecimento e a expansão do mercado de capitais do país, por outro, havia avaliações de que os ativos públicos foram vendidos abaixo do preço, de forma desastrada (o próprio Tesouro havia recomendado a não desestatização de uma só vez de três companhias do mesmo setor) e sem a aptidão de permanecerem nas mãos de neozelandeses, em especial dos pequenos investidores ("*mom and pop investors*").[88]

Um primeiro estudo feito em bases *pro bono* dos resultados e impactos do MOM, editado pela TDB Advisory e publicado em 2018, traz achados interessantes: 1) do ponto de vista da performance da firma individual, levando em consideração as principais métricas financeiras e a análise normativa de suas estratégias negociais, há indicação de melhoria nas métricas da Mercury e Meridian, e piora da Genesis (no entanto, fatores exógenos, ou seja, crises específicas do setor elétrico em 2012, influenciaram esse resultado); 2) do ponto de vista da análise agregada das três companhias, pré e pós-listagem, ameniza as especificidades individuais e indica uma melhoria de suas métricas operacionais; e, 3) finalmente, o critério em que a listagem parece produzir mais impactos diz respeito à comparação das empresas Genesis, Mercury e Meridian em face de empresas privadas do

way in which State enterprises operate, including their relationship with shareholding Ministers, were stressed by the Privy Council in the Broadcasting Assets case. They will no longer be present. This means that privatisation might preclude or limit the possibility of some options for redress which would otherwise be possible: for instance, the 'shares plus' proposal, or royalty regimes which are particular to the State enterprise powergenerating companies, or reparation out of the water assets of the State enterprise. [...] As we have explained, Part 5A of the Public Finance Act requires the Crown to hold a 51 per cent interest in every class of shares. The 'shares plus' proposal is not really compatible with this requirement and is thus inconsistent with the mixed ownership model provided for in the legislation. [...] Any proposal to impose royalties on electricity generation would be likely to attract opposition from those companies and their shareholders, as well as the Crown (which has so far refused to contemplate such arrangements) and the public at large, who would be affected by likely consequential increases in power costs. The introduction of private shareholders in mixed ownership companies would thus not have a material effect on the level of opposition. [...] It can be accepted that reparation by transfer of the water permits themselves to Maori will not be in realistic prospect after privatisation because it would expropriate value in the company from private minority shareholders". SUPREME COURT OF NEW ZEALAND. SC 98/2012 [2013]. NZSC 6. p. 53-56.

[88] BRADLEY, A. Profit taking as thousands sell power shares. *Radio NZ*, 30 nov. 2015. Disponível em: http://www.radionz.co.nz/news/business/290873/profit-taking-as-thousands-sell-power--shares. Acesso em: 6 jul. 2017.

setor elétrico Contact e Trustpower, especificamente no retorno a investidores: a taxa de retorno total a investidores das estatais ficou entre 12% e 26%, contra a média de 7% das companhias privadas.[89]

Ainda que os resultados do desinvestimento governamental nas empresas possam ser animadores, a alteração das circunstâncias sociopolítico-econômicas pode modificar drasticamente a dinâmica de intervenção do Estado na economia. De fato, após a Air New Zealand ver o preço de suas ações derreter em um terço de seu valor em março de 2020, devido à crise econômica derivada da pandemia do Covid-19, o empréstimo do governo de cerca de US$ 540 milhões à companhia veio acompanhado da possibilidade de aumento do capital estatal para além dos 52% detidos em 2020.[90]

2. Índia

Na Índia, a quantidade de empresas estatais sob controle do governo central é considerável: em 2013, existiam 277 *Central Public Sector Enterprises* (CPSEs) e 35 bancos públicos centrais; das 277 CPSEs, 169 são *holdings* e 108 subsidiárias. Em 2015, o número total de *Public Sector Enterprises* (PSE) – ou seja, a soma das empresas estatais centrais e estaduais *State Level Public Sector Enterprises* (SLPE) – listadas na NSE era de setenta companhias (68 centrais, 1 de controle estadual e 1 de propriedade mista),[91] correspondendo a 17% do valor de capitalização da Bolsa (considerados os volumes negociados em 31 de março de 2015).[92]

A relevância das PSEs para o mercado de capitais domésticos fez com que, já em 2001, a *Bombay Stock Exchange* (BSE) criasse um índice próprio para empresas estatais listadas, o BSE PSU Index.[93] Todas as empresas estatais listadas da Índia estão listadas na BSE e 45 delas também o são na

[89] A Air New Zealand foi excluída da análise porque a redução do capital estatal foi menos acentuada. Mais detalhes do estudo estão disponíveis em: TBD ADVISORY. *A Review of the Mixed Ownership Model*. New Zealand. Julho, 2018.

[90] BRADLEY, G. Coronavirus: Air NZ gets Govt $900m loan facility. *New Zealand Herald*, 20 mar. 2020. Disponível em: https://www.nzherald.co.nz/business/news/article.cfm?c_id=3&objectid=12318346. Acesso em: 21 abr. 2020.

[91] O BSE SPU Index pode ser consultado em http://www.bsepsu.com/bsepsu_index.asp. Acesso em: 3 out. 2017.

[92] VAROTTIL, U. The Evolution of Corporate Law in Post-Colonial India: From Transplant to Autochthony. *NUS – Centre for Law & Business Working Paper n. 15/01*, 2015. p. 2.

[93] O BSE SPU Index pode ser consultado em http://www.bsepsu.com/bsepsu_index.asp. Acesso em: 3 out. 2017.

National Stock Exchange of India (NSE) ou outras bolsas de valores indianas de atuação subnacional.[94]

Análise da OCDE sobre o tamanho e a distribuição setorial de empresas estatais na Índia aponta que das PSEs listadas em Bolsa, 68 são controladas pelo Estado, contam com mais de 640 mil empregados em seus quadros e possuem áreas de atuação distribuídas em manufatura, finanças, eletricidade e gás, setor imobiliário, telecomunicações e setores primários. Em apenas oito PSEs o Estado deteria posição acionária minoritária.[95] Para 2017, o governo indiano divulgou a intenção de listar outras onze CPSEs.[96]

Os anúncios de privatização trouxeram à tona discussões sobre a melhor forma de desinvestimento da participação estatal, se total ou parcial com listagem em bolsa. Ainda que na Índia, por questões políticas,[97] a opção do Estado de permanecer como acionista controlador de empresas estatais tenha sido historicamente preferida à venda total das empresas, a governança das empresas estatais listadas é objeto de crítica. Os 21 bancos majoritariamente estatais listados, apesar de controlarem 70% dos ativos do sistema bancário indiano, possuem uma política de expansão do crédito de sustentabilidade duvidosa (boa parte dos empréstimos tem elevadas chances de nunca serem pagos). As demais 47 empresas estatais não bancárias listadas possuem outros objetivos sociais além do lucro, a exemplo das cotas de vagas no quadro de empregados para castas desprivilegiadas e familiares de pessoas mortas em combate. Ainda que durante sua campanha política para o cargo de primeiro-ministro, em 2015, Narendra

[94] OECD (2016, p. 63).

[95] OECD. *The Size and Sectoral Distribution of State-Owned Enterprises*. Paris: OECD Publishing, 2017a. p. 54.

[96] INDIA INFOLINE. Cabinet approves listing of 11 CPSEs on stock exchanges. 13 abr. 2017. Disponível em: http://www.indiainfoline.com/article/news-top-story/listing-of-11-cpses-on-stock-exchanges-cabinet-approves-listing-of-11-cpses-on-stock-exchanges-117041300374_1.html. Acesso em: 16 abr. 2017.

[97] O elevado custo político das privatizações pode ter reflexo negativo nas eleições que seguem ao processo de desinvestimento, os Ministérios são ciosos de abrir mão da moeda de troca (empregos) que as empresas estatais representam para eles, a possibilidade de enxugamento do quadro de empregados é também malvista, dada a dificuldade geral na economia indiana de criação de novos postos de trabalho. Ver: THE ECONOMIST. Most of India's state-owned firms are ripe for sale or closure. 1º jun. 2017. Disponível em: https://www.economist.com/news/business/21722860-privatisation-and-politics-sit-poorly-together-most-indias-state-owned-firms-are-ripe. Acesso em: 3 out. 2017.

Modi tenha declarado que "I believe that government has no business to be in business", já eleito, em abril de 2016, decidiu renomear o Departamento de Desinvestimento para Departamento de Investimento e Gestão de Recursos Públicos.[98]

Breve histórico. Com o fim da colonização britânica, em 1947, a estratégia de desenvolvimento econômico indiano adotou um modelo de intervencionismo estatal na economia, tendo por objetivo a superação dos baixos patamares de industrialização: em 1948, a taxa de participação da indústria na economia indiana restringia-se a 6,6% e sua empregabilidade a 1,8% da força de trabalho total.[99] As Resoluções de Política Industrial de 1948[100] e 1956,[101] baseadas no ideal de uma "economia mista", buscaram demarcar as áreas de atuação dos setores público e privado,[102] e se pautavam pelo objetivo de incentivar o financiamento projetos de infraestrutura, a provisão de serviços públicos, a geração de investimentos, o fornecimento bens essenciais a valores módicos por meio da concessão de subsídios.

[98] THE ECONOMIST. Most of India's state-owned firms are ripe for sale or closure. 1º jun. 2017. Disponível em: https://www.economist.com/news/business/21722860-privatisation-and-politics-sit-poorly-together-most-indias-state-owned-firms-are-ripe. Acesso em: 3 out. 2017. Informações apresentadas por *The Economist*, mas não verificadas por esta pesquisa.

[99] KHANNA, N. Economics Reforms and Pattern of Industrial Growth in India. SSRN Online, 2012. p. 8.

[100] A Resolução de Política Industrial de 1948 restringiu a propriedade e o controle estatal aos seguintes segmentos da economia: armas e munição, energia atômica e ferrovias. Em setores estratégicos, como carvão, ferro, aço, aéreo, naval, telecomunicações, o Estado seria responsável pela sua expansão, devendo repassar à iniciativa privada atribuições que pudessem ser por ela desincumbidas. Empreender nos demais setores ficaria a cargo da iniciativa privada.

[101] Os setores econômicos passaram a ser divididos em três categorias: de atuação exclusivamente estatal, atuação estatal e privada e atuação privada. O tom da Resolução, no entanto, flertou com a ideologia socialista: "The adoption of the socialist pattern of society as the national objective, as well as the need for planned and rapid development, requires that all industries of basic and strategic importance, or in the nature of public utility services, should be in the public sector. Other industries which are essential and require investment on a scale which only the State, in present circumstances, could provide has also to be in the public sector. The state has, therefore, to assume direct responsibility for the future development of industries over a wider area" (Resolução de Política Industrial de 1948).

[102] Além das resoluções de caráter geral, foram estabelecidos os "Planos de 5 Anos", a partir de 1951, os quais especificavam metas mais concretas a serem atingidas no período. Os planos estabelecem metas de crescimento anual do PIB, de redução da pobreza, alfabetização, entre outros. Por causa de grave instabilidade político-econômica, não houve o estabelecimento de um novo plano no período 1989-1991. Ao todo, foram doze planos, vigentes entre 1951 e 2017. Em 2016, o governo indiano decidiu pela substituição do Plano de 5 Anos por um Plano de 15 anos.

Ainda que tais resoluções buscassem delimitar o campo de atuação para entes públicos e privados, entre as décadas de 1950 e 1980, a atuação estatal se expandiu para setores como combustíveis fósseis e aço a empreendimentos hoteleiros e produção de pão.[103] Se em 1951 (ano de edição do Primeiro Plano de Cinco Anos) existiam apenas cinco empresas estatais centrais, em 2013, o total era de 277.[104]

A estratégia de desenvolvimento por substituição de importações passou a ser questionada a partir da década de 1980. A crise fiscal e o risco iminente de insolvência fizeram com que o país aceitasse intervenção do Fundo Monetário Internacional e do Banco Mundial. Como nos demais países que passaram pelo mesmo processo, os empréstimos de recursos dessas instituições vieram acompanhados de uma contrapartida de fortalecimento de instituições locais, maior abertura ao comércio internacional, promoção de esforços de globalização e estratégia de redução do Estado na economia, em especial via desinvestimentos em empresas estatais.

A adoção da Nova Política Econômica em 1991 foi um marco para as empresas estatais indianas. De dezessete setores industriais reservados à atuação do Estado pela Resolução de Política Industrial de 1956, apenas oito remanesceram, o que redundou em uma onda de desinvestimentos precedida por alterações na estrutura de governança das companhias.[105]

[103] KONER, S. S.; SARKHEL, J. Disinvestment of Public Sector in India: Concept and Different Issues. *IOSR Journal of Economics and Finance* (IOSR-JEF) e-ISSN: 2321-5933, p-ISSN: 2321-5925, v. 3, n. 6, p. 48, May-Jun. 2014. TIWARI, S. *Disinvestment Programme in India*. New Delhi: Sarup, 2006. p. 73.

[104] PANDE, S. Listed State Owned Enterprises (SoEs) and the Treatment of Minority Shareholders – Case Studies from India. 2015. p. 3.

[105] A política de desinvestimentos indiana não logrou o sucesso esperado. A meta inicial de desinvestimentos, que previa a arrecadação de $543 bilhões de rúpias no período de 1991 a 2001, não foi cumprida. O resultado ficou aquém do projetado: apenas 38% da meta foi atingida (arrecadação total de 212 bilhões de rúpias). Entre os motivos apontados para o insucesso, encontram-se a dificuldade de precificar o valor das estatais, a falta de transparência no processo de desinvestimento (o que levantou acusações de corrupção), a perda de apoio dos trabalhadores e sindicados afetados pela medida (TIWARI, 2006, p. 70).

Além disso, traçar metas anuais ambiciosas para o programa de desinvestimento levou o governo da Índia, em diversas situações, a forçar empresas estatais a pagarem dividendos elevados ou adicionais. Em análise à política de dividendos da ONGC, empresa estatal do setor de óleo e gás natural, entre 2001 e 2014, PANDE relata que em todos os treze anos do período a empresa estatal pagou um excesso de 100% a título de dividendos, além dos 30% sobre lucro líquido previstos em lei para as empresas desse setor (PANDE, 2015, p. 6).

O Programa Nacional Mínimo Comum (*National Common Minimum Programme*), de 1991, trazia os seguintes princípios: empresas estatais lucrativas serão submetidas ao ambiente competitivo e não serão privatizadas; empresas estatais deficitárias serão vendidas ou terão suas atividades encerradas; os recursos angariados com as privatizações serão destinados a programas sociais; empresas estatais serão encorajadas a entrar no mercado de capitais, com o intuito de buscar novas formas de financiamento e de oferecer novas oportunidades de investimentos para investidores.[106]

Como resultado do programa, entre 1991 e 2014 a participação acionária do Estado nas quarenta maiores empresas estatais reduziu-se de 100% para 52%.[107]

Entre as reformas propostas em 1992 estavam a ênfase na profissionalização e o fortalecimento dos conselhos de administração das empresas estatais; a melhoria do desempenho de empresas estatais, por meio da expansão do sistema de Memorandos de Entendimentos (*Memorandum of Understanding* – MoU),[108] com fito de garantir maior autonomia e possibilidade de responsabilização de seus gestores, com aferição de performance pré e pós-assinatura; plano de reabilitação de empresas públicas cronicamente deficitárias e de difícil recuperação, postas sob escrutínio do Conselho de Reconstrução Industrial e Financeira (*Board for Industrial and Financial Reconstruction* – BIFR); alienação de participação acionária minoritária estatal em empresas estatais, com possibilidade de aquisição por fundos mútuos, instituições financeiras, sociedade e trabalhadores.[109]

A tentativa piloto do modelo de MoU ocorreu em 1985, a partir da seleção de quatro empresas estatais, e já em 1991 tornou-se parte da política de liberalização oficial, tendo o governo indiano decidido estender a assinatura dos MoU para o maior número possível de empresas estatais – cerca de 195 foram alcançadas.[110]

[106] OECD. *State-Owned Enterprises in the Development Process*. Paris: OECD Publishing, 2015b. p. 113.

[107] OECD (2015b, p. 114).

[108] A tentativa piloto desse modelo ocorreu em 1985, quando quatro empresas estatais foram selecionadas para assinar um MoU. Em 1991, tornou-se parte da política de liberalização oficial, tendo o governo indiano decidido estender o modelo para o maior número possível de empresas estatais (cerca de 195 foram alcançadas). (Fonte: OCDE, SOEs Development Process in India, p. 27)

[109] MISHRA, R. K. *Role of state-owned enterprises in India's economic development. Workshop on State-Owned Enterprises in the Development Process*. OECD Conference Centre: Paris, 4 April 2014. p. 16.

[110] MISHRA (2014, p. 27).

O sistema de MoU e a concessão de maior autonomia a determinadas estatais são fundamentos para outra classificação de empresas estatais, que as diferencia entre Maharatnas, Navratnas, Miniratnas II e Miniratnas I, *status* concedido de acordo com a aferição de critérios objetivos, a exemplo de perfil das companhias, lucratividade e potencial de internacionalização.[111]

Introduzida em 1997 pelo governo indiano, a classificação Navratnas[112] visa identificar empresas estatais centrais que possuam vantagem comparativa em seus setores de atuação, com o intuito de incentivá-las a se tornar gigantes globais. A classificação Miniratnas, também de 1997, visa identificar empresas estatais com histórico de lucros e adimplência e demais requisitos que legitimem a concessão de maior autonomia para sua atuação.[113]

A classificação Maharatnas, por seu turno, foi criada em 2010, para destacar aquelas Navratnas com maior potencial de crescimento em escala global: entre as diferenciações de aspectos práticos entre Maharatnas e Navratnas estão a elevação do teto de investimentos para as primeiras de $ 10 bilhões de rúpias para $ 50 bilhões de rúpias e a possibilidade de que elas tenham autonomia para decidir sobre projetos de investimentos que representem até 15% de seu patrimônio líquido, sem necessidade de pré-aprovação pelo governo. As Maharatnas são todas listadas.[114]

A concessão do *status* de Maharatna, por si só, não é garantia ou sinônimo de boa governança, e, por vezes, nem mesmo a maior autonomia, inerente a esse *status*, é capaz de garantir condições necessárias para que a empresa estatal concorra com companhias privadas do mesmo setor.

Exemplo disso é o caso *Mahanagar Telephone Nigam Limited* (MTNL). Ainda que possua *status* de Maharatna e 43,75% de suas ações nas mãos de investidores não governamentais,[115] a companhia passou a enfrentar pesada concorrência no setor de telecomunicações, depois de sua liberalização.

111 MISHRA (2014, p. 27).

112 O termo "Navratnas" deriva do sânscrito e significa "nove gemas (pedras preciosas)" e foi escolhido para retratar a importância para a economia indiana das empresas estatais que receberam esse *status*.

113 MISHRA (2014, p. 27).

114 MISHRA (2014).

115 A MTNL foi uma das primeiras protagonistas no programa de desinvestimento indiano: a partir de 1992, o governo indiano passou a reduzir gradualmente sua participação acionária na companhia.

Monopolista no provimento de serviços de telecomunicação nas cidades de Délhi e Mumbai até 1999, a MTNL viu seu valor de mercado derreter em 90% entre os anos de 1997 e 2013, apresentando resultado líquido por ação negativo entre 2010 e 2015. O cenário de resultados financeiros positivos de suas concorrentes privadas é bastante distinto, apesar de terem entrado no mercado com mais de uma década de atraso.[116]

Desenho institucional do setor de empresas estatais indiano. Do ponto de vista institucional, as empresas estatais são espécie de entidades não departamentais: enquanto as entidades departamentais são diretamente controladas e geridas pelas autoridades públicas, voltadas à produção de serviços estatais, submetem-se aos parâmetros de contabilidade e regras estabelecidas pelo Estado, além de não possuírem orçamento próprio, as entidades não departamentais são majoritariamente controladas pelo Estado (ao menos 51% do capital social, possuem balanço patrimonial próprio e gerem seu próprio orçamento).

Três modalidades de entidades não departamentais podem ser consideradas empresas estatais: 1) as *Central Public Sector Enterprises* (CPSEs), nas quais o governo central ou outra CPSE detém 51% ou mais de participação acionária; 2) as *State Level Public Enterprises* (SLPEs), de controle estadual; e 3) os bancos públicos (*Public Sector Banks* [*PSBs*]), controlados pelo governo central, estadual ou por outro banco público.

As PSE estão submetidas à Lei de Sociedades de 2013 (*Companies Act 2013*), sob a rubrica "companhias governamentais", definidas pelo art. 2 (45) como aquelas em que não menos de 51% do capital social integralizado (*paid up capital*, no texto original) é detido pelo governo (central, estadual ou ambos), incluindo suas subsidiárias.[117] A lei traz algumas regras específicas para tais companhias no tocante à apresentação de relatórios anuais (Capítulo XXIII), indicação de auditores pela Auditoria Geral da Índia (art. 139, dispositivos 5, 6 e 7), exceção às regras que permitem contribuições a partidos políticos (art. 182).

[116] PANDE (2015, p. 7-8).

[117] "2(45) – Government company means any company in which not less than fifty-one per cent. of the paid-up share capital is held by the Central Government, or by any State Government or Governments, or partly by the Central Government and partly by one or more State Governments, and includes a company which is a subsidiary company of such a Government company." Íntegra do *Companies Act 2013*. Disponível em: http://www.mca.gov.in/Ministry/pdf/CompaniesAct2013.pdf. Acesso em: 2 out. 2017.

Em junho de 2015, o Ministério de Assuntos Empresariais publicou uma Notificação[118] excepcionando as companhias governamentais de uma série de obrigações contidas na *Companies Act*. Às companhias governamentais (ou seja, tanto CPSE quanto SLPE) não se aplicam: o limite máximo de quinze membros no conselho de administração, a necessidade de limitar a remuneração de administradores em caso de ausência ou insuficiência de lucros, a inviabilidade de distribuição de dividendos em caso de inadequação de lucros, a exigência de ausência de interesse pecuniário para qualificação de um conselheiro como independente, a necessidade de aprovação pelo conselho de transações com partes relacionadas (para companhias governamentais não listadas, a aprovação dessas operações é transferida para o Ministério responsável). No tocante às companhias governamentais listadas, vale a regra contida no art. 49 das Regras de Listagem da *Securities and Exchange Board of India* (Sebi – Comissão de Valores Mobiliários indiana), no que diz respeito às transações com partes relacionadas (assim, permanece a necessidade de aprovação de tais operações pelo conselho).[119] No entanto, a Sebi, em alguns casos, relaxa as regras de transações com partes relacionadas quando tais operações se dão entre empresas estatais.[120]

O modelo de gestão das estatais pelo governo é classificado como "descentralizado com uma agência coordenadora", dado que cada Ministério tem poder de voz dentro das CPSEs sob sua alçada, mas, ao mesmo tempo, o Departamento de Empresas Públicas (DPE), vinculado ao Ministério de Indústria Pesada, tem a função de monitorar a implementação de regras de governança e transparência nas empresas estatais.[121] As CPSEs submetem-se às normas e à fiscalização de várias autoridades, entre elas a Controladoria e Auditoria-Geral da Índia (*Comptroller and Auditor General of India* [C&AG]), a Comissão Central de Vigilância (*Central Vigilance Commission* [CVC]) e os Ministérios supervisores. A Lei do Direito à Informação de 2005 também se aplica às CPSEs.[122]

[118] Íntegra da *Companies Act*. Disponível em: https://indiacorplaw.in/wp-content/uploads/2015/06/Exemptions_to_govt_companies_05062015.pdf. Acesso em: 2 out. 2017.

[119] VAROTTIL (2015).

[120] PUCHNIAK, D. W.; VAROTTIL, U. Related Party Transactions in Commonwealth Asia: Complexity Revealed. *NUS Law Working Paper n.014*, p. 22, 2018.

[121] OECD. *Disclosure and Transparency in the State-Owned Enterprise Sector in Asia*. Paris: OECD Publishing, 2017b. p. 11.

[122] No tocante às SLPES não listadas, não há guias de conduta sobre governança corporativa para elas. A submissão das companhias governamentais estaduais ao *Companies Act* de 2013 representou

Uma das principais normas a reger a atuação das CPSE é o *Guia de Governança para Empresas Estatais Centrais* (CPSE), formulado pelo DPE em 2010,[123] aplicável a todas as companhias governamentais centrais, listadas ou não. A primeira versão do Guia foi editada em 2007, era de adoção voluntária e foi implementada em caráter experimental pelo período de um ano. Depois do período de experimentação, o Guia foi reeditado, com modificações, e sua adoção tornou-se obrigatória para todas as CPSEs em 2010.[124]

Por seu turno, as empresas estatais listadas, além de serem regidas pela *Companies Act*, submetem-se às normas expedidas pela Sebi (Comissão de Valores Mobiliários indiana) e, havendo omissões ou não contrariedade, às regras emanadas pelo DPE.

Das normas vigentes para CPSEs listadas, a mais expressiva é a Cláusula 49 do Acordo de Listagem, introduzida em 2001 e revisada em 2005, depois de forte pressão do mercado e como consequência da crise asiática de 1997. Inspirada nas reformas de governança corporativa promovidas por Estados Unidos e Reino Unido, a Cláusula 49 introduziu requisitos e padrões de responsabilidade e estrutura dos conselhos de administração (incluindo número mínimo de conselheiros independentes), controles internos (a exemplo da obrigatoriedade de Comitê de Auditoria Independente), de divulgação e transparência.

A implementação da Cláusula 49 se deu de forma gradual, sendo inicialmente aplicável às grandes companhias e estendendo-se às pequenas em momento seguinte.

As disposições da norma foram mais facilmente formuladas que efetivamente postas em prática. A falibilidade da fiscalização e da efetivação da Cláusula 49 veio à tona em 2009, com a eclosão do principal escândalo de governança corporativa da história da Índia, envolvendo a Satyam Computer Services,[125] uma das maiores companhias de tecnologia da informação

um salto de governança (a exemplo da positivação de regras sobre quantidade de membros do conselho de administração e política de transações com partes relacionadas).

[123] Íntegra disponível em: http://dpe.gov.in/sites/default/files/gcgcpse10.pdf. Acesso em: 5 maio 2017.

[124] Comptroller and General Auditor of India. Report n. 9 of 2016 – Union Commercial Financial Reports of Central Public Sector Enterprises. May, 2016. p. 37. Disponível em: http://www.cag.gov.in/sites/default/files/audit_report_files/Chapter_3-%20Report%20No.%209%20of%202016.pdf. Acesso em: 28 abr. 2017.

[125] Os problemas da companhia foram identificados por conselheiros independentes quando da apresentação ao conselho de administração de uma operação envolvendo partes relacionadas,

do país (a dimensão do escândalo levou o caso a ficar conhecido como "Enron indiano").

Os órgãos de controle indianos agiram energicamente contra os responsáveis pelas fraudes contábeis na Satyam: foram presos os conselheiros da companhia e os auditores responsáveis; além disso, conselheiros da companhia foram substituídos por membros indicados pelo governo.[126] A partir de então, a crença posta no papel dos conselheiros independentes foi colocada em xeque, especialmente dada a estrutura de capital concentrada no mercado indiano.[127]

Um dos indícios de que o caso Satyam poderia não ser um problema isolado (ou hipótese de maçã podre) foi o pedido de renúncia em massa por parte de conselheiros independentes de diversas outras companhias indianas listadas[128] (ao longo de 2009, 620 conselheiros independentes apresentaram seus pedidos de dispensa;[129] entre dezembro de 2008 – eclosão do escândalo – e janeiro de 2009, o número de companhias em que conselheiros independentes apresentaram suas demissões aumentou 600%).

Além dos esforços para resolver o problema em concreto, o escândalo levou a uma profunda revisão do panorama normativo vigente, com a publicação de uma nova Lei de Sociedades (*Companies Act 2013*), em substituição parcial à *Companies Act 1956*.

Conselheiros independentes. O *Guia de Governança Corporativa para Empresas Estatais Centrais* (CPSE) de 2010 exige que os conselhos de administração

arquitetada para dissimular as profundas fraudes contábeis perpetuadas até então (ver AFSHARIPOUR, A. 2011).

[126] AFSHARIPOUR, A. A Brief Overview of Corporate Governance Reforms in India. Conference Board Director Notes No. DN-020; *UC Davis Legal Studies Research Paper n. 258*, p. 2, 2011.

[127] "Despite Satyam, companies are more concerned with just ticking the boxes, according to a number of captains of industry, auditors and industry analysts whom ET interviewed for this article. India has a long way to go to match the corporate governance standards of evolved markets, they say. [...] The main obstacle is that most Indian companies are controlled by promoters, according to industry watchers. Independent directors are only independent on paper. Directors are picked from an 'old boy's network' – they are people close to a promoter or from a familiar circle." BHATTCHARYYA, R.; DAVE, S. Lesson from Satyam: Corporate governance evolves, not execution. *India Times*, 7 jan. 2016. Disponível em: http://economictimes.indiatimes.com/articleshow/50476372.cms?utm_source=contentofinterest&utm_medium=text&utm_campaign=cppst. Acesso em: 12 out. 2017.

[128] AFSHARIPOUR (2011).

[129] KHANNA, V. S.; MATHEW, S. J. The Role of Independent Directors in Controlled Firms in India: Preliminary Interview Evidence. *National Law School of India Review*, v. 22, p. 35, 2010; U of Michigan Law & Econ, *Empirical Legal Studies Center Paper n. 10-025*, p. 35, 2010.

das empresas estatais possuam uma combinação ótima de conselheiros executivos, não executivos e independentes. Para empresas estatais listadas cujos conselhos de administração sejam liderados por um Presidente Executivo, o número de conselheiros independentes deve equivaler a um mínimo de 50% dos assentos disponíveis.[130] Para as demais (empresas estatais listadas que não possuam um Presidente Executivo à frente do conselho de administração e empresas estatais não listadas), além das normas do Guia de 2010, valem as regras previstas nas Seções 149 e 150[131] da Lei de Sociedades

[130] *Guidelines for Corporate Governance for CPSEs 2010*, Chapter 3.

[131] *Companies Act 2013*:149. Company to have Board of Directors (1) "Every company shall have a Board of Directors consisting of individuals as directors and shall have – (a) a minimum number of three directors in the case of a public company, two directors in the case of a private company, and one director in the case of a One Person Company; and (b) a maximum of fifteen directors: Provided that a company may appoint more than fifteen directors after passing a special resolution: Provided further that such class or classes of companies as may be prescribed, shall have at least one woman director. [...] (4) Every listed public company shall have at least one-third of the total number of directors as independent directors and the Central Government may prescribe the minimum number of independent directors in case of any class or classes of public companies. Explanation. – For the purposes of this sub-section, any fraction contained in such one-third number shall be rounded off as one. [...] (6) An independent director in relation to a company, means a director other than a managing director or a whole-time director or a nominee director, – (a) who, in the opinion of the Board, is a person of integrity and possesses relevant expertise and experience; (b) (i) who is or was not a promoter of the company or its holding, subsidiary or associate company; (ii) who is not related to promoters or directors in the company, its holding, subsidiary or associate company; (c) who has or had no pecuniary relationship with the company, its holding, subsidiary or associate company, or their promoters, or directors, during the two immediately preceding financial years or during the current financial year; (d) none of whose relatives has or had pecuniary relationship or transaction with the company, its holding, subsidiary or associate company, or their promoters, or directors, amounting to two per cent. or more of its gross turnover or total income or fifty lakh rupees or such higher amount as may be prescribed, whichever is lower, during the two immediately preceding financial years or during the current financial year; (e) who, neither himself nor any of his relatives – (i) holds or has held the position of a key managerial personnel or is or has been employee of the company or its holding, subsidiary or associate company in any of the three financial years immediately preceding the financial year in which he is proposed to be appointed; (ii) is or has been an employee or proprietor or a partner, in any of the three financial years immediately preceding the financial year in which he is proposed to be appointed, of – (A) a firm of auditors or company secretaries in practice or cost auditors of the company or its holding, subsidiary or associate company; or (B) any legal or a consulting firm that has or had any transaction with the company, its holding, subsidiary or associate company amounting to ten per cent. or more of the gross turnover of such firm; (iii) holds together with his relatives two per cent. or more of the total voting power of the company; or (iv) is a Chief Executive or director, by whatever name called, of any nonprofit organization that receives twenty-five per cent. or more of its receipts from the company, any of its promoters, directors or its holding, subsidiary or associate company or that holds two per cent. or more of the total voting power of the company; or (f) who possesses

de 2013, que exigem, no mínimo, 1/3 dos assentos ocupados por conselheiros independentes.

Ainda que o Guia de 2010 e a Lei de Sociedades de 2013 tragam um detalhado processo de indicação de conselheiros independentes, além de vários requisitos para que um conselheiro possa ser qualificado como tal, é possível alegar a existência de certo conflito de interesse no processo de nomeação, uma vez que o Estado – acionista controlador – é o responsável pela indicação.[132] De fato, já em 2007 a Sebi apresentou proposta para que conselheiros nomeados pelo Estado não recebessem o *status* de independentes,[133] e, em 2017, para que conselheiros independentes apenas fossem removidos da companhia por meio de *special resolution*, que requer quórum de 75% dos votos, e não por *simple resolution* (ou 50% dos votos).[134]

such other qualifications as may be prescribed. [...] (12) Notwithstanding anything contained in this Act, – (i) an independent director; (ii) a non-executive director not being promoter or key managerial personnel, shall be held liable, only in respect of such acts of omission or commission by a company which had occurred with his knowledge, attributable through Board processes, and with his consent or connivance or where he had not acted diligently. 150. Manner of selection of independent directors and maintenance of databank of independent directors (1) Subject to the provisions contained in sub-section (5) of section 149, an independent director may be selected from a data bank containing names, addresses and qualifications of persons who are eligible and willing to act as independent directors, maintained by any body, institute or association, as may by notified by the Central Government, having expertise in creation and maintenance of such data bank and put on their website for the use by the company making the appointment of such directors: Provided that responsibility of exercising due diligence before selecting a person from the data bank referred to above, as an independent director shall lie with the company making such appointment. (2) The appointment of independent director shall be approved by the company in general meeting as provided in sub-section (2) of section 152 and the explanatory statement annexed to the notice of the general meeting called to consider the said appointment shall indicate the justification for choosing the appointee for appointment as independent director."

132 "Any process for appointing independent directors is doomed to failure if it does not remove the influence of the dominating shareholders from the appointment process and while the Companies Act, 2013 provides for the appointment of independent directors by the nominations and remuneration committee – this may not be enough" (PANDE, S.; ANSARI, V. A. Effectiveness of Independent Directors on the Boards of Indian Listed Companies – Are the Recent Regulatory Changes Enough? 2013. p. 15).

133 ECONOMIC TIMES. Govt nominee should not be treated as independent director. 10 mar. 2007.

134 ZACHARIAH, Z. Sebi seeks changes in Companies Act; independent directors' ouster may get tougher now. *India Times*, 12 jun. 2017. Disponível em: http://economictimes.indiatimes.com/articleshow/59099740.cms?utm_source=contentofinterest&utm_medium=text&utm_campaign=cppst. Acesso em: 12 out. 2017.

Ainda assim, o caso Coal India[135] traz evidências de que não necessariamente a indicação de iniciativa do acionista controlador implica perda de independência por parte dos conselheiros independentes. Em 2010, após a OPA da Coal India, até então 100% controlada pelo Estado, o *hedge fund* britânico *The Children's International Fund* (TCIF) adquiriu participação de cerca de 1,8% na companhia e adotou uma postura de forte contestação quanto a eventuais abusos de posição majoritária do acionista controlador. Entre os desvios contestados estavam a manutenção, a pedido do governo, do preço do carvão 70% inferior ao valor de mercado internacional e a aceitação da determinação, emanada do Primeiro Ministro, de assinatura de contratos de fornecimento obrigatório de carvão a empresas do setor de energia (*Fuel Supply Agreements* [FSAs]), ainda que para honrar tais contratos a Coal India tivesse que passar a importar carvão, sob pena de pesada multa.

Os conselheiros independentes da Coal India, na ocasião, alinharam-se à TCIF e conseguiram forçar o governo a autorizar que a companhia negociasse o montante de multa a ser pago no caso de descumprimento dos FSAs. O montante inicial de 10% do valor do volume não entregue, na hipótese de a Coal India não fornecer 80% do montante contratado, foi reduzido para 0,001%.[136]

Por mais que a cultura dos conselheiros independentes não seja uma experiência recente na Índia, a falta de efetividade da medida pode vir não somente de um lapso de atuação por parte dos nomeados, mas da falta de nomeação em si de tais conselheiros: em março de 2017 havia 360 postos vagos em CPSEs, apesar de a indicação de grande parte dos nomes ter sido feita pelo Comitê de Nomeação ainda em 2016 (ou seja, existiam candidatos aptos para ocupar os cargos, restando pendente a efetiva nomeação).[137] Esse não é um cenário novo: em 2015, 81% das principais[138] CPSEs

[135] PANDE (2015, p. 6-7).

[136] PANDE (2015, p. 7).

[137] O número foi apresentado pelo Ministro de Assuntos Empresariais (Minister of State for Corporate Affairs), após ser questionado pela Lok Sabha, equivalente à Câmara dos Deputados brasileira. Ver: THE ECONOMIC TIMES. 464 non-official director posts vacant in CPSEs, PSBs. *India Times*, 10 mar. 2017. Disponível em: http://economictimes.indiatimes.com/articleshow/57576350.cms?utm_source=contentofinterest&utm_medium=text&utm_campaign=cppst. Acesso em: 5 jun. 2017.

[138] A amostra incluiu 32 CPSE integrantes do BSE 500 (não incluídos bancos públicos). JYOTINDRA, D. Independent directors hard to come by on boards of central PSEs. *Hindustan Times*,

descumpriam o percentual legal de 50% de conselheiros independentes nos conselhos de administração de empresas estatais listadas.

Esse não é o único caso de não conformidade com a legislação no tocante à composição de órgãos de direção em empresas estatais. A Seção 149(1) da Lei de Sociedades de 2013, que prevê o mínimo de uma mulher indicada para cada conselho de administração de companhias listadas, encontrou menor adesão em companhias controladas pelo Estado que entre as companhias privadas: em 2014, um ano depois da edição da Lei, apenas 22 das 42 CPSE listadas contavam com mulheres em seus conselhos (ainda que o número de companhias estatais listadas aderentes ao percentual mínimo de mulheres tenha aumentado entre 2013 e 2014 – de 21 para 22 –, o número total de mulheres nos conselhos dessas companhias apresentou redução no mesmo período, de 31 para 26).[139]

Déficit de insulação política: captura de empresas estatais para satisfação de interesses eleitorais e fiscais. Quando do caso Coal India, a propositura de ações judiciais pela TCIF questionando a atuação do Estado como acionista controlador em desrespeito aos minoritários levou o então Ministro do Carvão (*Union Minister of Coal*), Sriprakash Jaiswal, a afirmar:

> Quem deseja permanecer como investidor na Coal India pode ou ficar ou sair. Nenhuma ameaça fará o governo se dobrar. É dever da Coal India dar lucros e produzir carvão, mas apenas dar lucros não é seu único dever enquanto sua propriedade for governamental. Se a TCIF desejar sair da companhia, isso não afetará nosso mercado de capitais.[140]

Na mesma época, afirmou o Ministro que

> companhias com boas reservas em caixa, como a Coal India, podem emprestar para o governo quando o governo estiver precisando de recursos. Por

14 nov. 2016. Disponível em: https://www.hindustantimes.com/business-news/independent-directors-hard-to-come-by-on-boards-of-central-pses/story-9NxbPhJUpuUAMnb2OhYTEP.html. Acesso em: 1 jun. 2020.

[139] Institute of Public Enterprise, Hyderabad. Duties of Directors – International comparison vis-a-vis India. Disponível em: http://www.nfcgindia.org/IPE_duties_of_director.html. Acesso em: 5 jun. 2017.

[140] No original: "Whoever wants to stay invested in CIL can stay or otherwise leave. Someone's notice or threats will not bend the government. It is CIL's job to make profit and to produce coal but only making profit is not its job till it remains with the government. If TCI wants to sell out, it will not affect our capital markets" (PANDE, 2015, p. 7).

> exemplo, a aprovação da lei de segurança alimentar vai requerer volume enorme de recursos. A Coal India pertence ao povo desse país, e um montante de $ 250 bilhões de rúpias pode ser facilmente transferido para o governo para implementação de políticas públicas. Nós, no entanto, ainda não discutimos nada dessa natureza com o Ministro da Fazenda.[141-142]

Em outra oportunidade,

> quem comprou ações da Coal India estava bem ciente de que essa é uma empresa estatal e de que nosso governo está comprometido em seguir a ideologia socialista.[143] Se alguém comprou ações da Coal India imaginando que a companhia será administrada como eles querem ou como o Mercado quer, isso não é possível.[144]

A decisão da TCIF de abrir mão de seus investimentos na empresa estatal levou à perda de objeto das ações judiciais propostas, motivo pelo qual as questões levantadas pela TCIF, como acionista minoritária, ficaram sem uma avaliação por parte do Judiciário indiano, o que forneceria uma visão mais completa do tratamento dado pelo aparato estatal indiano, como um todo, a essas questões.

Ainda que seja tênue o liame entre o uso lícito e ilícito de uma empresa estatal para persecução de objetivos sociais, a excessiva proximidade entre a administração das CPSEs e a classe política extrapola o caso Coal India e se faz sentir sob uma ótica macro, em especial no *timing* das decisões de investimentos por parte de CPSEs.

[141] No original: "Cash-rich companies like Coal India Ltd can lend to the government whenever the government is in need of funds. For example, enactment of the food security bill would require huge funds. Coal India belongs to the people of this country and an amount of Rs 25,000 crore can easily be given to the government for implementing social schemes. We, however, have not discussed anything with the finance ministry yet" (PANDE, 2015, p. 10).

[142] PANDE (2015, p. 10).

[143] FINANCIAL TIMES. Coal fight shows how India treats investors. 10.4.2012. Disponível em: https://www.ft.com/content/9233696a-8323-11e1-9f9a-00144feab49a?mhq5j=e5. Acesso em: 3. out. 2017.

[144] No original: "whosoever bought Coal India shares, knew it well that it is a government company and that our government is committed to follow a socialist path. If someone had bought the Coal India shares thinking the company will run the way they want or the way the market wants, it is not possible" (INDIAN INSTITUTE OF CORPORATE AFFAIRS. *Corporate Governance in India*: From Policies to Reality. s. d. Disponível em: http://oldwebsite.iica.in/images/Corporate_Governance.pdf. Acesso em: 3 out. 2017).

Estudo empírico associa a inclinação de empresas estatais indianas em anunciar projetos de investimentos a anos eleitorais, comparativamente a anos não eleitorais. Em empresas estatais controladas pelo governo central o aumento verificado foi da ordem de 17%, e, nas controladas pelos governos estaduais, de 27,5%. Essa tendência, em empresas estatais centrais, fica acentuada especialmente em distritos nos quais as eleições anteriores tenham sido mais acirradas.[145]

O uso de empresas estatais para o atingimento de metas fiscais tampouco é prática desconhecida no país. Quando da formulação inicial da política de desinvestimento, metas ambiciosas de arrecadação foram traçadas. No entanto, os resultados não refletiram o sucesso esperado. A meta inicial de desinvestimentos, que previa a arrecadação de $ 543 bilhões de rúpias no período de 1991 a 2001, não foi cumprida: apenas 38% da meta foi atingida (arrecadação total de $ 212 bilhões de rúpias). Entre os motivos apontados para o insucesso encontram-se a dificuldade de precificar o valor das estatais, a falta de transparência no processo de desinvestimento (o que levantou acusações de corrupção) e a perda de apoio dos trabalhadores e sindicados afetados pela medida.[146]

A pressão para gerar resultados no programa de desinvestimento levou o governo da Índia, em diversas situações, a forçar empresas estatais a pagarem dividendos elevados ou adicionais. Em análise da política de dividendos da ONGC, empresa estatal do setor de óleo e gás natural, entre 2001 e 2014, Pande relata que em todos os treze anos do período a empresa estatal pagou um excesso de 100% a título de dividendos, além dos 30% sobre lucro líquido previstos em lei para as empresas desse setor.[147]

Estratégias recentes de incentivo ao investimento em estatais. O número de empresas estatais listadas na Índia deve crescer em um futuro próximo: em abril de 2017, o governo indiano divulgou a intenção de listar outras onze CPSEs,[148] por meio da oferta pública de até 25%

145 ALOK, S.; AYYAGARI, M. Politics, State Ownership, and Corporate Investment. 2015. *Review of Financial Studies*, Forthcoming, p. 2, 31 jan. 2015. Disponível em: https://ssrn.com/abstract=2416960 or http://dx.doi.org/10.2139/ssrn.2416960. Acesso em: 1º jun. 2020.

146 TIWARI (2006, p. 70).

147 PANDE (2015, p. 6).

148 INDIA INFOLINE. Cabinet approves listing of 11 CPSEs on stock exchanges. 13 abr. 2017. Disponível em: http://www.indiainfoline.com/article/news-top-story/listing-of-11-cpses-on-stock-exchanges-cabinet-approves-listing-of-11-cpses-on-stock-exchanges-117041300374_1.html. Acesso em: 20 jun. 2017.

da participação acionária estatal nas companhias eleitas para o processo de desinvestimento.[149]

Ainda que a estratégia para atrair investidores esteja programada para ser feita caso a caso pelo Ministro da Fazenda, duas características serão comuns às Ofertas Públicas de Ação. A primeira é que parte das ações postas a negociação deverá ser direcionada à aquisição pelos próprios empregados da companhia – excluídos conselheiros independentes –, sob a lógica do "*Employee Stock Ownership Plan* – ESOP", política pública para incentivo de investimento por empregados, instaurada em 1999 e revista em 2014 pela Sebi (Comissão de Valores Mobiliários indiana). A segunda característica será a concessão de descontos de até 5% do valor de emissão da ação destinados a pequenos investidores e empregados.[150]

Nesse ímpeto recente de impulsionar a capitalização por parte de empresas estatais e de tornar o investimento nelas mais atrativo, o governo indiano tem se esforçado para difundir novos produtos no mercado de valores mobiliários. Exemplo é o lançamento pelo *CPSE Exchange Traded Fund* (CPSE ETF), atrelado a um índice especialmente criado para esse fim, o qual sintetiza o desempenho de um portfólio contendo ações de dez estatais que cumpram requisitos prefixados (entre eles, pagamento mínimo de dividendos nos últimos sete anos, constar da lista de CPSE publicada pelo Departamento de Empresas Públicas, contar com participação acionária estatal ativa[151] superior a 55% do capital acionário, ter um patamar determinado de *free float*, ser listada na *National Stock Exchange of India Ltd* [NSE]).[152]

[149] São elas: 1) Rail Vikas Nigam Limited (RVNL); 2) .IRCON International Limited; 3) Indian Railway Finance Corporation (IRFC) Ltd.; 4) Indian Railway Catering and Tourism Corporation (IRCTC) Ltd.; 5) RITES Ltd.; 6) Bharat Dynamics Limited (BDL); 7) Garden Reach Shipbuilders & Engineers (GRSE) Ltd.; 8) Mazagon Dock Shipbuilders Limited (MDSL); 9) North Eastern Electric Power Corporation (NEEPCO) Ltd.; 10) MSTC Ltd.; 11) Mishra Dhatu Nigam Ltd. (MIDHANI) (INDIA INFOLINE, 2017).

[150] TIWARI, D. PSU employees may be able to buy more shares of their company. *India Times*, 28 jul. 2016.

[151] No original: "have more than 55% government holding under promoter category". "Promoter category" é uma classificação conferida pela Sebi (Comissão de Valores Mobiliários indiana), a pedido do grupo que exerça efetivo controle da companhia, mediante comprovação, segundo requisitos estabelecidos em norma (SEBI [SAST] Regulations 2011).

[152] ECONOMIC TIMES. CPSE ETF: A promising ETF for your portfolio. 18 jan. 2017. Disponível em: http://economictimes.indiatimes.com/articleshow/56640352.cms?utm_source=contentofinterest&utm_medium=text&utm_campaign=cppst. Acesso em: 20 jun. 2017.

O lançamento inicial do fundo se deu em março de 2014 (*New Found Order* [NFOr]), mas o sucesso do produto[153] e a necessidade de capitalização por parte do governo fizeram com que uma nova leva de desinvestimento (*Further Found Order* [FFO]) via CPSE ETF fosse promovida em janeiro de 2017.

Com o *slogan* "Invista em 10 Maharatnas & Navratnas com 5% de desconto", o Reliance MF, grupo gestor do fundo, conseguiu atrair atenção e recursos de investidores de diferentes perfis, tanto pequenos quanto institucionais.[154] Por mais que a estratégia de estimular investimentos em empresas estatais via ETF possa amenizar riscos (quando comparada com a decisão de investir o mesmo montante de recursos em uma única empresa estatal), questões como baixos incentivos à persecução de lucros e à proteção a minoritários continuam presentes.[155]

É importante notar que, mesmo havendo estímulo estatal para investimento público em estatais, não existe comprovação de que patamares mais elevados de governança corporativa por essas empresas resultem em maiores retornos a investidores.

Estudo empírico com 38 empresas estatais centrais listadas, publicado em julho de 2019, que leva em consideração os períodos de 2012-2013 a 2016-2017 e que busca relacionar a progressiva adoção de mecanismos de governança corporativa (tamanho do conselho, presença de mulher e composição do conselho, realização de reunião do conselho, idade dos conselheiros, número de comitês do conselho) por essas empresas e sua respectiva performance financeira, indica, no entanto, não haver elementos para afirmar que a adoção dos mecanismos das regras de governança corporativa implementadas pelo Departamento de Empresas Públicas implicaria melhor performance das companhias.[156]

[153] O CPSE ETF tem obtido retornos de 42% desde seu lançamento, em 2014. Para o mesmo período, o retorno do Nifty 50 foi de 33%. Disponível em: http://economictimes.indiatimes.com/markets/stocks/news/cpse-etf-ffo-to-open-for-retail-investors-on-march-15-should-you-invest/articleshow/57593126.cms.

[154] ECONOMIC TIMES. CPSE ETF: A promising ETF for your portfolio. 18.1.2017. Disponível em: http://economictimes.indiatimes.com/articleshow/56640352.cms?utm_source=contentofinterest&utm_medium=text&utm_campaign=cppst. Acesso em: 20 jun. 2017.

[155] DIHENDRA, K. View: Advantages of CPSE ETF come with caveats. *The Economic Times: India Times*, 16 jan. 2017. Disponível em: http://economictimes.indiatimes.com/markets/stocks/news/view-advantages-of-cpse-etf-comes-with-caveats/articleshow/56583625.cms. Acesso em: 25 abr. 2017.

[156] KIRANMAI, J.; MISHRA, R. K. Corporate Governance Practices in Listed State-owned Enterprises in India: An Empirical Research. *Indian Journal of Corporate Governance*, v. 12, n. 1, p. 94-121, 2019.

Note-se, entretanto, que o fato de o estudo estar estritamente centrado na correlação entre mecanismos de governança corporativa e performance financeira deixa de lado critérios outros como a análise da inserção no mercado de trabalho de mulheres depois da adoção de quota obrigatória de conselheiras mulheres, ou do impacto social de se tornar obrigatória a adoção de comitês de responsabilidade social em empresas estatais listadas. Em outras palavras, em uma análise macro, o efeito indutor na economia como um todo de tornar obrigatórias boas práticas societárias em empresas estatais, práticas essas que costumam vir acompanhadas de custos adicionais, pode ter efeitos benéficos outros que apenas, em uma escala micro, lucratividade.

3. Argentina

A Argentina é conhecida como um país de extremos, dadas as profundas alterações de sua matriz econômica ao longo dos últimos trinta anos. Nos anos 1990, o governo Menem (1989 a 1999), de viés liberal, priorizou o enxugamento do Estado e se desprendeu de grande parte das empresas públicas então existentes, em especial as prestadoras de serviços públicos. O passo inicial deu-se com a edição da Lei n. 23.696, de 1989, que declarou diversas empresas públicas sujeitas a privatização.[157] Em um período de seis anos, foram privatizadas, concedidas ou tiveram suas atividades encerradas cerca de 67 empresas, entre as quais a Aerolíneas Argentinas, YPF, Obras Sanitarias da Nação (atualmente conhecida como AySA).[158]

Em sentido oposto, herdeiros do peronismo, os governos Kirchner (2003 a 2015, englobando as presidências de Nestor e Cristina Kirchner), em especial a partir da crise de 2001, reverteram esse movimento. O papel do Estado na economia foi reforçado em diversos setores. Novas empresas estatais foram criadas e outras reestatizadas, a exemplo da YPF e das Aerolíneas Argentinas. No período, houve incremento considerável no número de empregados das empresas estatais, passando-se de 27 mil para 120 mil.[159]

[157] DIÉGUEZ, G.; VALSANGIACOMO, A. *El péndulo del mercado al Estado*: ¿qué pasó con las empresas públicas en la última década en Argentina? Documento de Políticas Públicas/Análisis n.178. Buenos Aires: CIPPEC, 2016. p. 1.

[158] DIÉGUEZ e VALSANGIACOMO (2016, p. 1).

[159] DIÉGUEZ e VALSANGIACOMO (2016, p. 1).

Determinar em que companhias listadas o Estado argentino é acionista majoritário não é tarefa simples, dado que as informações fornecidas pela OCDE relativas à quantidade de empresas estatais listadas são contraditórias. Segundo dados informados pelo governo argentino à OCDE em 2015, o país possuía 137 empresas estatais: em setenta o Estado possuiria participação acionária minoritária, em nove o Estado seria acionista único e em 52 o Estado seria acionista majoritário.[160] O país informou, ainda, contar com cinquenta[161] empresas estatais listadas, sem, no entanto, especificar a participação acionária nelas detida.[162]

Considerando que em cinquenta companhias listadas o Estado detém participação acionária, majoritária ou minoritária, e que, por meio do fundo de previdência público *Administración Nacional de la Seguridad Social* (ANSES), o Estado é investidor institucional e acionista minoritário (0,01--31,5%)[163] em 46 companhias nacionais e estrangeiras listadas na Bolsa de Valores de Buenos Aires, seria possível afirmar que o Estado é acionista majoritário em quatro companhias listadas. Identificou-se, no entanto, duas companhias listadas em que o Estado é apontado como acionista majoritário: YPF e Banco Hipotecário.[164]

No tocante às participações minoritárias, com a aprovação da Lei n. 26.425, em 2008, formalizaram-se a nacionalização do fundo de

[160] OECD. *Board Practices and Financing for Latin American State-Owned Enterprises.* Paris: OECD Publishing, 2015c. p. 9.

[161] Uma das principais dificuldades em entender o universo de estatais controladas pelo Estado e listadas em Bolsa, na Argentina, é justamente precisar a quantidade dessas empresas existentes. Sem em nenhum momento nomear quais seriam, em 2012, a OCDE afirma que existiam dezessete empresas estatais listadas no país. Entre 2010 e 2016 houve apenas um IPO na Argentina (da companhia Havanna, em junho de 2016). Em relatório publicado em 2016 (com informações referentes a 2015), a OCDE informa existir cinquenta empresas estatais listadas (ver OECD, 2016, p. 2 e 39). Por seu turno, em relatório publicado em setembro de 2017, a OCDE considera existir uma empresa majoritariamente estatal listada na Argentina e dezesseis empresas minoritariamente estatais listadas (ver OECD, 2017a, p. 36). Já Diéguez e Valsangiacomo, em texto publicado em 2016, afirmam existir apenas duas empresas majoritariamente estatais listadas: YPF e Banco Hipotecário. Ver DIÉGUEZ e VALSANGIACOMO (2016, p. 11).

[162] OECD (2015a, p. 9 e 39).

[163] Lista completa de participação do ANSES em companhias listadas disponível em: http://fgs.anses.gob.ar/participacion. Acesso em: 18 set. 2017.

[164] Para Diéguez e Valsangiacomo (2016, p. 11), existiriam apenas duas empresas estatais listadas: YPF e Banco Hipotecário. A falta de precisão ao lidar com o conceito "empresa estatal" dificulta compreender como os autores o definem.

previdência privado AFJP e a transferência dos seus recursos (cerca de U$ 26 bi)[165] para o ANSES. Nessa ocasião, o Estado se comprometeu a não adotar uma postura ativista nas empresas em que decidisse investir: exerceria, no máximo, direito de voto correspondente a 5% do capital votante, independentemente da participação acionária detida na companhia. Já em 2011, o governo reviu esse posicionamento: removeu o teto de 5% e passou a nomear membros dos conselhos de administração para as companhias em que detinha participação, além de influenciar a direção dos negócios, inclusive no que diz respeito à política de dividendos.[166]

No que se refere às participações majoritárias, inexiste um padrão de comportamento do Estado como acionista. No caso da YPF, o Estado é de fato acionista controlador: detentor da maioria do capital votante e exerce o poder de controle. Situação distinta é verificada no Banco Hipotecário.

No Banco Hipotecário, o Estado central em conjunto com o *Banco de la Nación Argentina* (banco integralmente estatal) detém 53,14% do capital total (ações das Classes A, B e C),[167] mas apenas 28,51% do capital votante.[168]

[165] WEBBER, J. Argentina moves to nationalise pension funds. *Financial Times*, 28 nov. 2008. Disponível em: https://www.ft.com/content/d428857e-b77c-11dd-8e01-0000779fd18c. Acesso em: 18 set. 2017.

[166] U.S. DEPARTMENT OF STATE. *Argentina Investment Climate Statement 2015*. Bureau of Economic and Business Affairs, May 2015, p. 17-18. Relatórios anteriores a 2017 podem ser encontrados em https://2009-2017.state.gov//index.htm (acesso em: 23 ago. 2020).

[167] Nos termos do Código de Governança do Banco Hipotecário, "class A shares: to the Argentine State or the fiduciary agents appointed by it, whose voting rights are exercised by the Argentine State. b) class B shares: they belong to the Stock Ownership Program (Programa de Propiedad Participada or PPP), allocated to the Company's employees, which at present represent 5% of the stock capital and whose voting rights are exercised by the Argentine State until they are allocated to the employees. c) class C shares: intended to be initially offered to artificial persons engaged in the development of activities related to the construction of houses or the real estate business, whose voting rights are exercised by the Argentine State until they are acquired by such artificial persons under an acquisition program to be established in the future. This class of shares represents 5% of the stock capital;" (p. 8). Disponível em: https://www.hipotecario.com.ar/media/pdf/BHSA-Updated_BHSA-CorporateGovernanceCode2016_final.pdf. Acesso em: 18 set. 2017.

[168] Informações disponíveis em https://www.hipotecario.com.ar/default.asp?id=126. Acesso em: 18 set. 2017. Há informações de que em 2009 o Estado detinha uma posição acionária não controladora de quase 65% do Banco Hipotecário, sendo os poderes do controlador exercidos, via acordo de acionistas, pela companhia IRS e dois outros fundos. "The government has a 64.5% non-controlling stake in Hipotecario but through a shareholders pact the bank is managed by local business group IRSA and two other funds, which together own 35.5%." PORTER, J. Paper: Banco Hipotecario on the brink of nationalization. *BN America News*, 3 mar. 2009.

Isso porque às ações Classe A, detidas pelo Estado argentino, é conferido um voto para cada ação, enquanto às ações Classe D,[169] passíveis de oferta pública, são conferidos três votos por ação,[170] além do direito de eleger nove dos treze membros do conselho de administração (os outros quatro são indicados pelas Classes A, B e C).

Na YPF S.A.,[171] o estatuto social[172] da companhia também dispõe sobre a existência de quatro tipos diferentes de classes de ações: Classe A (*golden share* de propriedade exclusiva do Estado nacional), Classe B (propriedade exclusiva das províncias), Classe C (exclusiva para empregados da YPF, nos termos do Programa de Propriedade Compartilhada instituído pela Lei n. 23.696) e Classe D (convertidas a partir da transferência de ações das outras classes para terceiros, com a ressalva de que as ações Classe D, se transferidas para o Estado, não são transformadas em Classe A). Às ações Classe A é conferido o direito de bloquear algumas votações (fusões, *alienação de controle*, transferência dos direitos de exploração conferidos à companhia, dissolução voluntária, transferência do domicílio fiscal ou societário para fora da Argentina) e de eleger ao menos um membro do conselho de administração (desde que a Classe A detenha ao menos uma ação[173] – o capital social

[169] Nos termos do Código de Governança do Banco Hipotecário, "class D shares: title to these shares has been transferred to private capitals. Class D shares shall not be converted to a different class in the event they are subscribed for or acquired by the Argentine State, another public artificial person, or the employees that are members of the Stock Ownership Program" (p. 8). Disponível em: https://www.hipotecario.com.ar/media/pdf/BHSA-Updated_BHSA-CorporateGovernance-Code2016_final.pdf. Acesso em: 18 set. 2017.

[170] Nos termos do Código de Governança Corporativa do Banco Hipotecário, "The stock capital is $1,500,000,000, and is fully subscribed and paid in. It is represented by 1,500,000,000 common, book-entry shares, divided into classes "A", "B", "C" and "D", of $1 par value each and entitled to one vote per share, except for class D shares, which are entitled to 3 votes for as long as the class A shares (owned by the Argentine State) represent more than 42% of the stock capital" (p. 7). Disponível em: https://www.hipotecario.com.ar/media/pdf/BHSA-Updated_BHSA-Corporate-GovernanceCode2016_final.pdf. Acesso em: 18 set. 2017.

[171] Áreas de atuação: *downstream* (produção, distribuição e comercialização de combustíveis) e *upstream* (exploração e extração de hidrocarbonetos convencionais e não convencionais). Disponível em: https://www.ypf.com/LaCompania/Paginas/Todo-sobre-YPF.aspx. Acesso em: 23 ago. 2020.

[172] Disponível em: http://www.ypf.com/english/investors/Corporate-governance/Lists/AsambleaDeAccionistas/Call-Notice-Shareholder-Meeting-4.29.16-Information-and-proposals.pdf. Acesso em: 15 set. 2017.

[173] Disponível em: http://www.ypf.com/english/investors/Corporate-governance/Lists/AsambleaDeAccionistas/Call-Notice-Shareholder-Meeting-4.29.16-Information-and-proposals.pdf. Acesso em: 15 set. 2017.

total é de 393.312.793 ações).[174] Desde 2012, o Estado argentino é detentor de 51% do capital votante da companhia. Em março de 2017, o capital social da companhia encontrava-se distribuído entre Estado Nacional/Ministério de Minas e Energia (51%), ações em circulação (35,933%), Lazard Asset Management LLC (7,975%), Família Slim (5,079%), governos federal e provinciais (5,079%), Fundo dos Empregados (0,010%).[175]

Considerando que somente em uma das companhias o Estado é acionista majoritário e controlador, compreender como o Estado argentino atua como acionista controlador de empresas estatais listadas significa, em larga medida, aprofundar o estudo de como o Estado argentino se comporta como acionista controlador da YPF. Trata-se de uma companhia de extrema importância político-econômica para o país. Fundada em 1922, é considerada a primeira empresa estatal criada no mundo fora da URSS, sendo a principal produtora de óleo e gás da Argentina.[176]

Com a mudança dos ventos políticos, Cristina Kirchner, que manifestou apoio público à privatização da companhia em 1992, foi também a principal responsável por sua renacionalização em 2011,[177] sob o argumento de soberania energética – ato cujas repercussões ainda são objeto de discussão judicial perante o judiciário norte-americano.[178] A YPF é a segunda maior companhia da Argentina (a maior listada na Bolsa de Valores de Buenos Aires), listada também desde 2013 na NYSE,[179] possuindo

[174] Atualmente, o conselho de administração é composto por quinze membros efetivos e onze suplentes. Deles, 25 foram eleitos pelas ações Classe D, incluindo o presidente do conselho. O único representante da Classe A é considerado membro independente. Lista completa disponível em: http://www.ypf.com/english/investors/Corporate-governance/Paginas/Board-of-Directors.aspx. Acesso em: 22 set. 2017.

[175] YPF SOCIEDAD ANÓNIMA. *Form-20*. United States Securities and Exchange Commission. Ano fiscal terminado em 31 de dezembro de 2016. Disponível em: https://www.sec.gov/Archives/edgar/data/904851/000119312517115552/d361809d20f.htm. Acesso em: 3 out. 2017.

[176] ECONOMIST. So far, not so good. Can YPF avoid the grim fate of other nationalised companies? 12 de maio de 2012. Disponível em: http://www.economist.com/node/21554569. Acesso em: 21 set. 2017.

[177] SANZ, J. C. El día que Cristina reclamó votar a favor de la privatización de YPF. *Clarín*, 4 abr. 2012. Disponível em: https://www.clarin.com/economia/cristina-reclamo-votar-privatizacion-ypf_0_HyFqqS3wml.html. Acesso em: 21 set. 2017.

[178] Petersen Energia Inversora, S.A.U. et al v. Argentine Republic et al, No. 1:2015cv02739 – Document 63 (S.D.N.Y. 2016). Disponível em: https://dockets.justia.com/docket/new-york/nysdce/1:2015cv02739/440752/. Acesso em: 21 set. 2017.

[179] NASH, N. Argentina's Oil Company Going Public. *The New York Times*, 28 jun. 1993. Disponível em: http://www.nytimes.com/1993/06/28/business/argentina-s-oil-company-going-public.

valor de mercado bastante volátil ao longo dos últimos três anos (de US$ 10,33 bilhões em janeiro de 2018 a US$ 2,1 bilhões em agosto de 2020):[180] dados que se tornam especialmente consideráveis em um país com mercado de capitais pouco desenvolvido – valor total de capitalização de US$ 88 bilhões (o que corresponde a 11% do PIB do país, ante 39% do Brasil e 36% da Colômbia).[181]

Marco normativo. Diagnóstico da OCDE sobre governança corporativa de empresas estatais na América Latina permite inferir que a Argentina tem um longo caminho pela frente no que diz respeito ao fortalecimento de suas instituições e marcos normativos. O país adota um modelo descentralizado de gestão de estatais, sendo cada Ministério responsável pelas estatais de sua atividade afim (há baixa ou nenhuma coordenação por parte do governo central), inexiste uma política para nomeação de administradores de empresas estatais, as nomeações são baseadas em decisões políticas, inexistem normas sobre o número de assentos nos conselhos de administração e não há regras ou entidades responsáveis pela condução de avaliações *top-down* da eficiência dos conselhos.[182]

O aparato normativo para empresas controladas pelo Estado e listadas é mais consolidado. A falta de regras específicas para o Estado como acionista em empresas estatais é, em certa medida, suprida por regras gerais para sociedades anônimas, a exemplo da Lei de Sociedades Comercias, e, para as listadas, pela Lei de Mercado de Capitas e regras editadas pela Comissão Nacional de Valores (CNV, órgão estatal competente para regulação do mercado de valores mobiliários).

O ordenamento jurídico argentino distingue cinco formas de empresas estatais, cada qual regida por diferentes legislações.[183] De especial

html?mcubz=3. Acesso em: 21 set. 2017.

[180] Dados disponíveis no *site* da NASDA (https://www.nasdaq.com/market-activity/stocks/ypf. Acesso em: 23 ago. 2020).

[181] MILLAN, C.; MOURA, Fa. Argentina's Biggest Company Eyes Local Listing If Rules Change. *Bloomberg*, 12 set. 2017.

[182] OECD (2015a, p. 8).

[183] São elas: "– **Sociedades anónimas con participación estatal mayoritaria**: Sociedades anónimas con participación estatal mayoritaria: todas aquellas sociedades anónimas en las que el Estado nacional o los organismos estatales legalmente autorizados sean titulares de acciones que representen por lo menos el 51 % del capital social y que sean suficientes para prevalecer en las asambleas ordinarias y extraordinarias (Ley 19.550 arts. 308 a 312) – **Sociedades del estado**: entidades descentralizadas con patrimonio y personalidad jurídica propia, integra y expresamente estatales

relevância para esta obra, as sociedades anônimas com participação estatal majoritária são regidas por capítulo específico da Lei de Sociedades Comerciais (arts. 308 a 312 da Ley General de Sociedades n. 19.550, T.O. 1984).

Nos termos do conceito legal, sociedades anônimas com participação estatal majoritária são aquelas que se constituem quando o Estado (Estado nacional, Estados provinciais, municípios ou organismos estatais legalmente autorizados) é proprietário, de forma individual ou conjunta, de ações que representem ao menos 51% do capital social ou em proporção suficiente para prevalecer nas assembleias ordinárias e extraordinárias (art. 308).

Preliminarmente, registre-se que a YPF tem natureza jurídica *sui generis*. Ainda que seja controlada pelo Estado (seria, portanto, uma sociedade anônima com participação estatal majoritária), a Lei que a renacionalizou (Lei n. 26.741) estabelece expressamente em seu art. 15 que,

> para o desenvolvimento de suas atividades, YPF Sociedade Anônima e Repsol YPF Gás S.A. continuarão operando como sociedades anônimas abertas, nos termos do Capítulo II, Seção V, da Lei 19.550 e demais normas, não lhes sendo aplicáveis qualquer legislação ou norma administrativa que regulamente a administração, gestão ou controle de empresas ou entidades em que o Estado nacional ou os Estados provinciais tenham participação.[184]

Não obstante essa disposição legal, a Suprema Corte argentina determinou, em 2015, a submissão da YPF à Lei de Acesso à Informação, dado

(excluye toda participación de capitales privados). Las mismas se someterán a las normas que regulan las sociedades anónimas (Ley 20.705). – Sociedades de economía mixta: las que forma el Estado Nacional o las entidades administrativas autárquicas dentro de sus facultades legales, por una parte, y los capitales privados por la otra (Ley 12.962). – **Empresas en liquidación**: proceso que se inicia una vez disuelta la sociedad y que no supone el cambio de personalidad jurídica, pues la misma se mantiene, aunque sólo para fines de la liquidación, hasta la inscripción registral de su extinción. – **Empresas binacionales**: asociación de capitales provenientes de dos países que promueve su actuación conjunta dentro de ambos mercados nacionales. – **Empresas interestaduales**: asociación de capitales provenientes de dos o más provincias que promueve su actuación conjunta dentro de sus mercados" (DIÉGUEZ e VALSANGIACOMO, 2016).

[184] Tradução livre. Íntegra da Lei 26.741 disponível em: http://servicios.infoleg.gob.ar/infolegInternet/anexos/195000-199999/196894/norma.htm. Acesso em: 22 set. 2017.

que a maioria do seu capital é de propriedade estatal.[185] Depois de longa batalha judicial, em setembro de 2017, documentos relativos às transações comerciais da companhia foram tornados públicos e entregues ao solicitante, o deputado provincial Rubén Giustiniani, que comemorou com as seguintes palavras: "El secretismo de los actos de los funcionarios *públicos* le han hecho mucho daños al país y la historia reciente lo enseña con costos pagados por todos los argentinos. Brasil por los cohechos en Petrobras generó una gravísima crisis institucional que hoy está a la vista".[186]

No tocante à composição do conselho de administração de companhias com participação estatal majoritária, funcionários públicos, por expressa previsão legal, podem integrá-lo. Isso porque, ainda que o art. 264,[187] inciso 4º, da Lei de Sociedades Comerciais disponha que são inelegíveis para o conselho de administração ou para cargo de diretor os funcionários da administração pública cuja atuação se relacione com o objeto da sociedade, até dois anos depois do término do exercício de suas funções, o art. 301 do mesmo diploma dispõe expressamente que essa vedação não se aplica às sociedades anônimas com participação estatal majoritária.

A participação dos representantes dos acionistas minoritários no conselho de administração de sociedades controladas pelo Estado está prevista no art. 311 da Lei de Sociedades Comerciais. Se a participação dos minoritários for inferior a 20%, o estatuto da companhia poderá prever a

[185] A natureza da YPF foi objeto de apreciação em ação proposta por um Senador, que exigiu da YPF os contratos de investimentos firmados com a Chevron para exploração dos campos de Vaca Muerta. Ver MERTEHIKIAN, E. El caso YPF y el acceso a la información. *Clarín*, 22 nov. 2015. Disponível em: https://www.clarin.com/economia/economia/caso-YPF-acceso-informacion_0_Sy-eb-eFvmg.html. Acesso em: 22 set. 2017.

[186] GIUSTINIANI, R. Finalmente tenemos en nuestras manos el contrato ypf-chevrón. 7 out. 2017. Disponível em: http://www.rubengiustiniani.com/2016/finalmente-tenemos-nuestras-manos-contrato-ypf-chevron/. Acesso em: 3 out. 2017.

[187] Lei 19.550. "Prohibiciones e incompatibilidades para ser director. Artículo 264. – No pueden ser directores ni gerentes: 1º) Quienes no pueden ejercer el comercio; 2º) Los fallidos por quiebra culpable o fraudulenta hasta diez (10) años después de su rehabilitación, los fallidos por quiebra casual o los concursados hasta cinco (5) años después de su rehabilitación; los directores y administradores de sociedad cuya conducta se calificare de culpable o fraudulenta, hasta diez (10) años después de su rehabilitación; 3º) Los condenados con accesoria de inhabilitación de ejercer cargos públicos; los condenados por hurto, robo, defraudación, cohecho, emisión de cheques sin fondos y delitos contra la fe pública; los condenados por delitos cometidos en la constitución, funcionamiento y liquidación de sociedades. En todos los casos hasta después de diez (10) años de cumplida la condena; 4º) *Los funcionarios de la administración pública cuyo desempeño se relacione con el objeto de la sociedad, hasta dos (2) años del cese de sus funciones*" (grifei).

indicação de um ou mais membros ao conselho pelos minoritários. Se a participação dos minoritários for superior a 20%, a própria lei obriga que a eles seja conferido o direito de representação proporcional no conselho de administração e de eleger ao menos um membro do conselho fiscal.

No que concerne à remuneração de administradores, aplicam-se às sociedades anônimas com participação estatal majoritária as regras da Lei de Sociedades Comerciais, que estabelecem que 1) o estatuto poderá prever a remuneração do conselho de administração e do conselho fiscal, devendo ser fixada pela assembleia ou pelo conselho fiscal (art. 261); 2) o montante total e de qualquer natureza destinado à remuneração dos administradores não poderá exceder 25% dos lucros da companhia para o exercício (art. 261, § 1º). Por expressa disposição do art. 311, não se aplica a elas a regra de que o montante total destinado à remuneração não poderá exceder 5% dos lucros nos exercícios em que não forem distribuídos dividendos aos acionistas (art. 261, § 2º).[188]

As sociedades anônimas com participação estatal majoritária, quando listadas, ficam também submetidas às regras para emissores previstas na Lei n. 26.831 – *Ley de Mercado de Capitales*[189] – e aos atos normativos da *Comisión Nacional de Valores.*

[188] YPF não segue o regramento das sociedades anônimas com participação estatal majoritária: no preenchimento do Form-20, apresentado à *Securities and Exchange Commission*, a YPF informa estar submetida aos dois tetos legais mencionados (tanto o de 25% quanto o de 5% para anos em que não há distribuição de dividendos) – "Argentine law provides that the aggregate annual compensation paid to the members of the Board of Directors (including those directors acting in an executive capacity) and the Supervisory Committee with respect to a fiscal year may not exceed 5% of net income for such year if YPF is not paying dividends in respect of such net income, which percentage is increased up to 25% of net income based on the amount of dividends, if any, are paid. The compensation of the Chairman and other directors acting in an executive capacity, together with the compensation of all other directors and members of the Supervisory Committee, requires the ratification of an ordinary general shareholders' meeting as provided by Argentine law. When the exercise of special commissions or technical administrative functions by one or more directors and the reduced or lack of profits imposed the need to exceed the limits, such remunerations may only be paid in excess if expressly agreed by the shareholders' meeting, for which the matter should be included as one of the agenda points". YPF SOCIEDAD ANÓNIMA. *FORM 20-F.* Annual Report Pursuant to Section 13 or 15(d) of the Securities Exchange Act of 1934 For the fiscal year ended December 31, 2015. United States Securities and Exchange Commission. p. 159. Disponível em: https://www.ypf.com/inversoresaccionistas/Lists/InformeAnualForm20/YPF-20F-2015.PDF. Acesso em: 22 set. 2017.

[189] A lei promoveu a reforma do mercado de valores mobiliários no país e tinha entre seus objetivos eliminar a autorregulação do mercado, reduzindo, assim, o papel da Bolsa.

A Lei de Mercados de Capitais estabelece, entre outras, regras específicas de publicidade[190] e remuneração[191] para administradores de companhias emissoras – a exemplo da obrigatoriedade de divulgação da política de remuneração dos administradores (arts. 60 e 75), regras sobre partes relacionadas, regras específicas de lealdade de conselheiros (art. 78), obrigatoriedade de contar com uma comissão fiscalizadora integralmente composta por membros independentes (art. 79). As companhias listadas devem, ainda, possuir um comitê de nomeação, responsável pela indicação de nomes de administradores.[192]

A legislação sobre mercado de capitais é complementada por vários atos normativos emitidos pela Comissão Nacional de Valores (CNV). De destaque, as Resoluções Gerais n. 516, de 2007,[193] e n. 606, de 2012, que positivam o "*Código de Gobierno Societario*", o qual traz regras sobre governança corporativa para companhias emissoras, sob a lógica "comply or explain"[194] (em anexo à Resolução n. 606, consta formulário a ser preen-

[190] Ley 26.831 – "Artículo 60. – Normas contables. Son aplicables a las entidades emisoras comprendidas en el régimen de la oferta pública las siguientes disposiciones referidas a la información contable: [...] c) Sin perjuicio de lo establecido en el artículo 66 de la ley 19.550 de sociedades comerciales (t.o. 1984) y sus modificaciones y de la reglamentación adicional que establecerá la Comisión Nacional de Valores se incluirá en la memoria como información adicional por lo menos la siguiente: [...] IV. *Las modalidades de remuneración del directorio y la política de remuneración de los cuadros gerenciales de la sociedad, planes de opciones y cualquier otro sistema remuneratorio de los directores y gerentes por parte de la sociedad.* La obligación de información se extenderá a la que corresponde a sociedades controladas en las que se aplicaren sistemas o políticas sustancialmente diferenciadas" (grifei).

[191] Ley 26.831 – "Ley de Mercado de Capitales – Remuneración. Artículo 75. – Remuneraciones de directores. Las sociedades autorizadas a hacer oferta pública de sus acciones podrán remunerar a sus directores con funciones ejecutivas o técnico-administrativas, así como a los gerentes, con opciones de compra de acciones de la propia sociedad, cumpliendo con los procedimientos y requisitos que a tales efectos establezca la Comisión Nacional de Valores. En estos casos, la asamblea deberá fijar el precio de las opciones y de las acciones a las que éstas den derecho y el valor a computar a los fines de la remuneración a los efectos de los límites del artículo 261 de la ley 19.550 de sociedades comerciales (t.o. 1984) y sus modificaciones. Salvo disposición contraria del estatuto, la sociedad podrá contratar un seguro de responsabilidad civil para sus directores para la cobertura de riesgos inherentes al ejercicio de sus funciones".

[192] OECD (2016, p. 39).

[193] Íntegra disponível em: http://servicios.infoleg.gob.ar/infolegInternet/anexos/130000-134999/133520/norma.htm. Acesso em: 22 jul. 2017.

[194] Resolución General n. 606 Código de Gobierno Societario (Mod. RG n. 516/07). "Artículo 1º [...] El Órgano de Administración de cada Emisora deberá: (i) informar si cumple totalmente los principios y recomendaciones integrantes del Código de Gobierno Societario y de qué modo lo hace, o (ii) explicar las razones por las cuales cumple parcialmente o no cumple tales principios y recomendaciones e indicar si la Emisora contempla incorporar aquello que no adopta en un futuro."

chido, enviado anualmente à CNV e publicamente divulgado pelas companhias emissoras).

A obrigação de informar à CNV e à *Securities and Exchange Commission* (SEC) o valor anual destinado à remuneração dos administradores foi motivo de polêmica protagonizada pela YPF no ano de 2015. A disseminação da informação de que a YPF distribuíra US$ 25,86 milhões a 27 executivos em 2014 causou espanto, especialmente ao se levar em consideração que o valor foi superior aos valores pagos anteriormente à reestatização da YPF (o valor máximo pago pela Repsol – grupo espanhol ex-controlador da companhia – foi de US$ 11 milhões) e que os executivos beneficiários de tais valores nutriam laços próximos com o governo.[195] Depois da repercussão das notícias, a YPF publicou comunicado à imprensa informando que o Ministro da Economia, um dos idealizadores da reestatização da YPF, e ocupante do cargo de Diretor Financeiro (CFO) da companhia, Axel Kicillof, exercia suas funções *pro bono*, ou seja, não seria por elas remunerado.[196]

Nos termos do estatuto social da YPF (art. 14), os membros não executivos no conselho têm remuneração fixada de forma global pela assembleia ordinária; já a remuneração dos membros executivos do conselho é fixada pelo próprio conselho, em deliberação na qual os interessados não podem votar, e deve ser determinada em nível adequado às práticas de mercado. A remuneração dos dois grupos é posteriormente submetida à ratificação pela assembleia de acionistas.[197]

[195] BLANCO, P. F. YPF subió 31% en US$ los sueldos a ejecutivos. *La Nacion*, 15 maio 2015. Disponível em: http://www.lanacion.com.ar/1792948-ypf-aumento-31-en-dolares-los-sueldos-a-sus-principales-ejecutivos. Acesso em: 21 set. 2017.

[196] Íntegra do comunicado à imprensa disponível em: http://www.ypf.com/YPFHoy/YPFSalaPrensa/Lists/ComunicadosDePrensa/35-YPF-informa-Remuneraciones-del-Directorio.pdf. Acesso em: 21 set. 2017.

[197] Estatuto social da YPF: "Artículo 14° – Remuneración a) Miembros no ejecutivos: Las funciones de los miembros no ejecutivos del directorio serán remuneradas según lo resuelva anualmente la asamblea ordinaria en forma global y se repartirá entre ellos en forma igualitaria, y entre sus suplentes en proporción al tiempo que reemplazaron a esos titulares. La asamblea autorizará los montos que podrán pagarse a cuenta de dichos honorarios durante el ejercicio en curso, sujeto a ratificación por la asamblea que considerara dicho ejercicio. 19 b) Miembros ejecutivos: Los directores de la Sociedad que cumplan funciones ejecutivas, técnico-administrativas o comisiones especiales recibirán una remuneración por dichas funciones o comisiones de nivel acorde con el vigente en el mercado, que será fijada por el Directorio, con la abstención de los nombrados. Estas remuneraciones, juntamente con las de la totalidad del Directorio, estarán sujetas a ratificación por

Não se identificou a existência de códigos de governança corporativa ou regimes de bolsa especificamente voltados para companhias nas quais o Estado é acionista controlador.

A relação Estado e YPF. A privatização da YPF integrou a leva de reformas propostas pelo Presidente Menen no início da década de 1990. Depois da aprovação da Lei de Privatizações, em 1992, a oferta inicial de ações da YPF na Bolsa de Valores de Nova Iorque ocorreu em 1993, sendo considerada, à época, a maior privatização de empresa latina via oferta pública de ações, ao arrecadar US$ 3 bi.[198]

Em 1999, a Repsol adquiriu 97,81% das ações da YPF por cerca de US$ 15 bilhões (inicialmente, em janeiro de 1999, a Repsol adquiriu 14,99% das ações detidas pelo Estado argentino e, em junho do mesmo ano, fez uma oferta pública de aquisição de mais 82,47% das ações da companhia). Entre 2008 e 2011, como resposta aos interesses do governo argentino de aumentar a participação local na propriedade de recursos naturais estratégicos (também conhecido como "argentinização" da YPF), a Repsol alienou parte de suas ações na YPF para o grupo Petersen, que passou a deter 25,46% da companhia. Além disso, entre 2010 e 2011, a Repsol passou a alienar posições acionárias na YPF a fundos e por meio de ofertas públicas: como resultado, sua participação acionária reduziu-se a 57,43%.[199]

Entre 1999 e 2012, no entanto, a situação sociopolítico-econômica na Argentina foi consideravelmente alterada. Do neoliberalismo de Menem chegou-se ao populismo dos Kirchner. De especial relevância para o setor energético, três fatores: a rápida expansão no consumo, a política de fixação de preços do governo Kirchner e o fato de o país ter saído de exportador para importador de energia em um período de dez anos. Outro fator é apontado como decisivo para a posterior expropriação da YPF: a descoberta dos campos de hidrocarbonetos não convencionais (*shale*) em Vaca Muerta, avaliados à época como a terceira maior reserva mundial do minério.

la asamblea según el régimen del artículo 261 de la Ley 19.550. c) Regla general: Las remuneraciones de los directores establecidas por los incisos a) y b) anteriores deberán respetar los límites fijados por el Artículo 261 de la Ley 19.550, salvo el caso previsto en el último párrafo de dicho artículo".

198 NASH, N. Argentine Oil Company Sells $3 Billion in Stock. *The New York Times*, 29 jun. 1993. Disponível em: http://www.nytimes.com/1993/06/29/business/argentine-oil-company-sells-3-billion-in-stock.html?mcubz=1. Acesso em: 25 set. 2017.

199 FERNANDEZ, P. Valuation of an Expropriated Company: The Case of YPF and Repsol in Argentina (November 21, 2015). *IESE Business School Working Paper n. WP-1055-E*. Disponível em: https://ssrn.com/abstract=2176728orhttp://dx.doi.org/10.2139/ssrn.2176728.

Em janeiro de 2012 surgiram os primeiros boatos de que o governo argentino pretendia nacionalizar a YPF. Nos meses seguintes, o atrito entre o governo e a Repsol acirrou. Internamente, a tensão levou representantes do governo a serem barrados de participar nas discussões do conselho de administração da companhia; em 8 de março, as contas da YPF referentes ao exercício de 2011 foram aprovadas com um único voto contrário do representante do governo no conselho.[200]

Externamente, as províncias argentinas produtoras passaram a dar seguidos ultimatos à YPF para que incrementasse seus investimentos em cada uma delas,[201] e, mesmo antes de vencidos os prazos para que os resultados fossem apresentados, passaram a cassar as licenças de exploração conferidas à YPF,[202] movimento que alguns imputaram ter sido orquestrado pelo governo central.[203]

Em 16 de abril de 2012, em meio a declarações feitas pela Presidente Cristina Kirchner de que a energia era um recurso vital para o país e que a YPF não estaria fazendo investimentos em níveis adequados, o governo federal decretou a intervenção na companhia. Como resultado, o preço da ação da YPF experimentou uma queda de 29% no dia seguinte ao anúncio[204] (queda acumulada de 41% desde janeiro de 2012). Duas semanas depois, em 3 de maio, o Congresso argentino, por ampla maioria, aprovou o decreto expropriatório de 51% das ações, detidas pela Repsol: assim,

[200] FERNANDEZ (2015, p. 3).

[201] No dia 2 de março, a província de Chubut determinou que a YPF apresentasse em sete dias um plano de investimentos regionais; no dia 3 de março, a província de Santa Cruz determinou que a companhia explicasse em cinco dias o motivo de falta de investimentos locais; no dia 6 de março, a província de Mendoza exigiu que em um mês a YPF demonstrasse aumentar os investimentos em dois campos de produção (FERNANDEZ, 2015, p. 8).

[202] No dia 14 de março de 2012, as províncias de Chubut e Santa Cruz cassam cinco concessões de exploração da YPF. Em 23 de março, Mendoza, Salta, Rio Negro e Neuquém cassam as licenças da YPF (FERNANDEZ, 2015, p. 3).

[203] NEJAMKIS, G.; LIFSCHITZ, A. Argentine provinces pull several YPF concessions. *Reuters*, 14 mar. 2012. Disponível em: http://www.reuters.com/article/argentina-ypf/update-5-argentine-provinces-pull-several-ypf-concessions-idUSL2E8EEDVB20120314. Acesso em: 10 set. 2017.

[204] As ações da companhia vinham sofrendo desde os primeiros anúncios de expropriação da companhia, em janeiro de 2012: após uma série de notícias no dia 27 de janeiro de 2012, de que o governo retomaria a petrolífera, o valor de suas ações caiu 10,6% em um dia (comparativamente, o índice S&P Integrated Oil and Gas e o Índice Merval caíram apenas 0,2% e 2,1% no mesmo período) (FERNANDEZ, 2015, p. 3).

a participação acionária da Repsol na YPF caiu de 57,43% para 6,43%;[205] por seu turno, a participação do Estado argentino passou de 0,003% (*golden shares*[206] detidas pelo governo central somadas à participação provincial) para 51%.[207] A tomada de controle ocorreu a despeito e sem a observância das regras previstas no art. 28 do Estatuto Social da Companhia, que estabelecia que a aquisição de mais de 49% das ações da YPF pelo Estado nacional importaria oferta pública pelo restante das ações da companhia, sendo o valor destas arbitrado em obediência às regras estatutárias (regras essas inseridas, em 1993, como garantia a investidores).[208]

Ainda que pudesse haver alguma verdade nas acusações de falta de investimento (entre 2006 e 2011, a YPF investiu cerca de USS 11 bi, tendo redistribuído US$ 3,5 bi a título de dividendos, além de ter centrado seus investimentos na exploração de campos já em uso e não na procura por novos), a Repsol apresentou duas justificativas para essa atitude. A primeira delas deve-se à política de fixação dos preços de revenda de petróleo pelo Estado (iniciada em meio à crise do fim dos anos 1990 e acentuada com a desvalorização do peso argentino, a política de congelamento teve como resultado insustentável deixar o valor do preço do gás natural entre 75%-80% mais barato que nos países vizinhos e a eletricidade 70% mais barata); a segunda, à ingerência dos Kirchner na entrada do grupo Petersen na YPF.[209]

[205] Antes da expropriação, os acionistas da YPF eram Repsol (57,43%), grupo Petersen (25,46%), governos federal e provinciais (0,003%), fundo dos empregados (0,01%), além de 17,09% em *free float*. Após a expropriação, a YPF passou a deter 6,43%, e os governos federal e provinciais passaram a deter 51%, não tendo havido alteração na participação acionária dos demais acionistas. (fonte: Valuation of an Expropriated Company: The case of YPF and Repsol in Argentina. IESE, 2013).

[206] As *golden share* da YPF, ou ações Classe A, conferem os seguintes direitos ao Estado: "Derechos especiales de la clase A: Se requerirá el voto favorable de las acciones clase A, cualquiera sea el porcentaje del capital social que dichas acciones clase A representen para que la Sociedad válidamente resuelva: (i) Decidir la fusión con otra u otras sociedades; (ii) Aceptar que la Sociedad, a través de la adquisición por terceros de sus acciones, sufra una situación de copamiento accionario consentido u hostil que represente la posesión de más del cincuenta por ciento (50%) del capital social de la Sociedad; (iii) Transferir a terceros, la totalidad de los derechos de explotación concedidos en el marco de la Ley 17.319, sus normas complementarias y reglamentarias, y la Ley 24.145, de modo tal que ello determine el cese total de la actividad exploratoria y de explotación de la Sociedad; (iv) La disolución voluntaria de la Sociedad". (Estatuto Social da YPF, art. 6º).

[207] FERNANDEZ (2015, p. 1).

[208] FERNANDEZ (2015, p. 11).

[209] THE ECONOMIST. Fill'er up. 21 abr. 2012. Disponível em: http://www.economist.com/node/21553070. Acesso em: 4 set. 2017.

No tocante à questão dos dispêndios com dividendos, a Repsol alegou que tal distribuição deveu-se à necessidade de auxiliar no financiamento da entrada do grupo Petersen na YPF. O grupo Petersen, de origem espanhola, havia sido adquirido, na década de 1990, pela família argentina Eskenazi, chefiada por Enrique Eskenazi, investidor e banqueiro que possuía longo relacionamento com a família Kirchner,[210] mas nenhuma experiência prévia no setor energético.[211]

Enrique Eskenazi, de fato, integrava um grupo de empresários que enriqueceu enormemente durante os governos Kirchner, os empresários K, a despeito do aprofundamento da crise econômica do país. O próprio Eskenazi afirmava que "política e negócios são tão profundamente ligados na Argentina devido à falta de instituições que os separem".[212] A entrada do grupo Petersen na YPF era vista pela Repsol como uma estratégia de blindagem contra eventual agressão estatal. No entanto, com a morte de Nestor e ascensão de Cristina ao poder, a relação estreita com o grupo de empresários K esfriou.[213]

Em resumo, com o intuito de se tornar acionista da YPF, o grupo Petersen angariou recursos de duas formas: na aquisição dos 15% iniciais de participação acionária, em 2008, pelos quais pagou US$ 2 bi, metade dos recursos foram emprestados por um consórcio de bancos, encabeçado pelo Credit Suisse (Credit Suisse, Citibank, Itau e BNP Paribas) e metade

[210] O grupo Petersen é acionista majoritário do Banco de Santa Cruz: a participação acionária na instituição foi adquirida durante o processo de privatização do banco, ocorrido durante a gestão de Kirchner como governador da província de Santa Cruz. Ver: Eskenazi, un constructor y banquero amigo de Kirchner. *La Nacion*, 22 dez. 2007. Disponível em: http://www.lanacion.com.ar/973367-eskenazi-un-constructor-y-banquero-amigo-de-kirchner. Acesso em: 14 set. 2017. Recentemente, autoridades argentinas passaram a investigar a possibilidade de a própria família Kirchner estar por trás da compra de participação acionária na YPF pelo grupo Petersen. De acordo com notícia do jornal *Clarín*, o denunciante Aldo Luis Ducler, morto em junho de 2017, afirmou deter provas de que os Kirchner haviam utilizado os "Fundos Santa Cruz" para albergar recursos estatais desviados na década de 1990 e, posteriormente utilizados, via família Eskenazi, para adquirir parcela da YPF. Mais em: WIÑAZKI, N. Los papeles de Ducler revelan la trama oculta de los fondos de Santa Cruz. *Clarín*, 3 jun. 2017. Disponível em: https://www.clarin.com/politica/papeles-ducler-revelan-trama-oculta-fondos-santa-cruz_0_Hk8IRoezb.html. Acesso em: 14 set. 2017.

[211] THE ECONOMIST. Fill'er up. 21 abr. 2012. Disponível em: http://www.economist.com/node/21553070. Acesso em: 4 set. 2017.

[212] THE ECONOMIST. Socialism for foes, capitalism for friends. 25.2.2010. Disponível em: http://www.economist.com/node/15580245. Acesso em: 3 out. 2017.

[213] THE ECONOMIST. Fill'er up. 21 abr. 2012. Disponível em: http://www.economist.com/node/21553070. Acesso em: 4 set. 2017.

pela própria Repsol; em 2011, na aquisição dos outros 10%, pelos quais o grupo Petersen pagou US$ 1,3 bi, seguiu-se o mesmo esquema. As próprias ações a serem adquiridas na YPF foram dadas como garantia ao empréstimo bancário. O grupo Petersen, portanto, não investiu nenhum recurso próprio nesse momento inicial.[214]

Ao emprestar os recursos aos Eskenazi, a Repsol se comprometeu a distribuir 90% dos lucros da YPF como dividendos, de forma que o grupo Petersen pudesse pagar de volta o empréstimo feito. Esse, portanto, teria sido um dos motivos a justificar os investimentos em níveis subótimos na YPF.[215]

Destaque-se que o consórcio de bancos não recebeu pelos recursos emprestados. Ainda em 2012, um mês após a expropriação da YPF pelo governo argentino, o grupo Petersen informou a impossibilidade de honrar seu compromisso e entrou com pedido de falência.[216] Entre as alegações, a restrição à política de fartos dividendos e os efeitos da expropriação da YPF. Em 2015, o grupo Petersen ajuizou ação em uma corte nova-iorquina contra o Estado argentino pelos danos sofridos, arguindo que o Estado argentino desrespeitou o Estatuto Social ao não fazer oferta pública pelas demais ações da YPF, pós-expropriação.[217]

[214] Jornal Clarín. Las claves de la maniobra para quedarse con YPF. *Clarín*, 3 jun. 2017. Disponível em: https://www.clarin.com/politica/claves-maniobra-quedarse-ypf_0_HyQCs9gGb.html. Acesso em: 13 set. 2017.

[215] Jornal Clarín. Las claves de la maniobra para quedarse con YPF. *Clarín*, 3 jun. 2017. Disponível em: https://www.clarin.com/politica/claves-maniobra-quedarse-ypf_0_HyQCs9gGb.html. Acesso em: 13 set. 2017.

[216] REUTERS STAFF. Argentina's Petersen Group in default: SEC filing. *Reuters*, 16 maio 2012. Disponível em: http://www.reuters.com/article/us-argentina-petersen-ypf/argentinas-petersen-group-in-default-sec-filing-idUSBRE84H12920120518. Acesso em: 20 set. 2017.

[217] MILFORD, P. Bankrupt Petersen Energia Blames Argentina in U.S. Lawsuit. *Bloomberg*, 9 abr. 2015. Disponível em: https://www.bloomberg.com/news/articles/2015-04-09/petersen-energia-bankrupt-in-spain-blames-argentina-in-suit. Acesso em: 17 set. 2015. Além dessa ação, a Monroe County Employees' Retirement System ajuizou, em junho de 2013, perante a corte norte-americana Southern District of New York uma *class action* em que investidores que adquiriram ADS da YPF em 23 de março de 2011 pleiteavam reparação pelos prejuízos causados pela expropriação da companhia. O Estado argentino não integrou o rol de requeridos, que era composto por: YPF S.A., diretores e conselheiros da companhia; Repsol S.A.; e os bancos de investimentos Credit Suisse Group AG, Goldman Sachs Group Inc e Morgan Stanley. Nos termos da petição inicial, os requeridos teriam falhado em listar o risco de expropriação no prospecto de oferta pública de ações. A petição, no entanto, foi rejeitada por desrespeitar o prazo prescricional de um ano para o ajuizamento (a expropriação ocorreu em 16 de abril de 2012, mas desde janeiro de 2012 havia indícios – a exemplo de seguidas quedas nas cotações das ações da YPF – e fartas notícias de que ela ocorreria, na opinião da juíza Shira A. Scheindlin), por não individualizar condutas e supostas infrações, por não demonstrar a intenção de fraudar por

A despeito das diversas ameaças por parte do governo espanhol de retaliação pelo ato de expropriação, após dois anos de discussões intensas, Repsol e YPF chegaram a um "acordo amigável"[218] em 2014, por meio do qual a YPF se comprometeu a pagar indenização no valor de US$ 5 bilhões (menos da metade do valor reclamado em 2012), e a Repsol a desistir de processos judiciais ajuizados nos Estados Unidos e na Espanha.[219] Trata-se de acordo que flexibilizou a posição inicial de ambas as partes: apesar de o art. 17 da Constituição argentina exigir que a indenização pela expropriação fosse prévia e por meio de lei,[220] em um primeiro momento o governo afirmou que deveria "cero pesos" à Repsol.[221]

A falta de tecnologia nacional para a exploração dos campos de Vaca Muerta e a escassez de recursos próprios fizeram com que o país buscasse amenizar o custo político do ato de expropriação: novas regras sobre proteção de investimentos estrangeiros no país foram editadas, chegou a termo a disputa com a Repsol – ainda que à revelia da legislação argentina – e termos extremamente benéficos para a Chevron (petrolífera norte-americana) foram oferecidos, com o intuito de firmar uma *joint venture* para exploração de Vaca Muerta.[222] A despeito dessas iniciativas, a repu-

parte dos requeridos ou existência dos danos. (A íntegra da petição inicial está disponível em: http://securities.stanford.edu/filings-documents/1050/YPF00_01/201325_f01c_13CV00842.pdf. Acesso em: 14 set. 2017. Íntegra da decisão disponível em: http://www.sdnyblog.com/files/2014/02/13-Civ.-00842-MTD-Order.pdf. Acesso em: 15 set. 2017.)

[218] Termo utilizado pelo CEO da Repsol em entrevista ao *New York Times*. Disponível em: https://www.nytimes.com/2014/02/26/business/international/repsol-said-to-reach-settlement-with-argentina.html?mcubz=1. Acesso em: 10 set. 2017.

[219] REED, S.; MINDER, R. Repsol in $5 Billion Settlement with Argentina. *The New York Times*, 25 fev. 2014. Disponível em: https://www.nytimes.com/2014/02/26/business/international/repsol-said-to-reach-settlement-with-argentina.html?mcubz=1. Acesso em: 20 set. 2017.

[220] Constitución de la Nación Argentina, "Artículo 17. La propiedad es inviolable, y ningún habitante de la Nación puede ser privado de ella, sino en virtud de sentencia fundada en ley. La expropiación por causa de utilidad pública, debe ser calificada por ley y previamente indemnizada. Sólo el Congreso impone las contribuciones que se expresan en el Artículo 4º. Ningún servicio personal es exigible, sino en virtud de ley o de sentencia fundada en ley. Todo autor o inventor es propietario exclusivo de su obra, invento o descubrimiento, por el término que le acuerde la ley. La confiscación de bienes queda borrada para siempre del Código Penal argentino. Ningún cuerpo armado puede hacer requisiciones, ni exigir auxilios de ninguna especie".

[221] OBARRIO, M. El Gobierno planea no pagarle nada a Repsol. *La Nacion*, 23 abr. 2012.

[222] BONNEFOY, P. Argentina: La expropiación de Repsol-YPF. *Estud. int. (Santiago, en línea)*, Santiago, v. 48, n. 184, p. 39-73, ago. 2016. Disponível em: http://www.scielo.cl/scielo.php?script=sci_arttext&pid=S0719-37692016000200002&lng=es&nrm=iso. Acesso em: 21 set. 2017.

tação da Argentina perante a comunidade internacional e o empresariado investidor continuou a sofrer; nas palavras do presidente da filial da Shell no país, "We're not asking for the world. We just want to see long-term policies grounded in laws that cannot be changed on a whim".[223]

Os benefícios contratualmente estipulados entre YPF e Chevron, por seu turno, não careceram de críticas. No âmbito externo, analistas internacionais afirmaram que a Chevron estaria "fazendo pacto com o demônio",[224] taxaram o contrato de parceria de *tailor made* para a Chevron, afirmaram que a Argentina simplesmente substituiu espanhóis por *yankees*.[225] Domesticamente, partidos de oposição taxaram a parceria de "reprivatização à revelia do Congresso argentino"[226] (a desconfiança quanto aos termos do contrato levou ao questionamento judicial para sua apresentação, questão essa decidida pela Suprema Corte argentina em 2016).[227]

A chegada ao poder em 2016 do governo Macri, de vertente neoliberal, gerou rumores de uma eventual reprivatização da companhia. De fato, em 2012, Mauricio Macri, então prefeito (*jefe de gobierno*) de Buenos Aires, foi um dos mais ferrenhos críticos à expropriação da YPF, que ele julgava "contrári[a] aos interesses dos argentinos".[228] Apesar das alterações no conselho da estatal (o presidente da petrolífera pediu demissão no fim do governo

[223] THE ECONOMIST. Dead-cow bounce. 23 ago. 2014. Disponível em: https://www.economist.com/news/americas/21613314-politics-biggest-hurdle-developing-enormous-vaca-muerta-field-dead-cow-bounce. Acesso em: 23 set. 2017.

[224] FONTEVECCHIA, A. Chevron Pacts With The Devil, Signs Deal With Argentina's YPF To Develop Massive Shale Field. *Forbes*, 16 maio 2013. Disponível em: https://www.forbes.com/sites/afontevecchia/2013/05/16/chevron-pacts-with-the-devil-signs-deal-with-argentinas-ypf-to-develop-massive-shale-field/#5e06e2272af4. Acesso em: 15 set. 2017.

[225] THE ECONOMIST. Flogging a Dead Cow: The recently nationalised oil company agrees on a big foreign investment. 27 jul. 2013. Disponível em: https://www.economist.com/news/americas/21582304-recently-nationalised-oil-company-agrees-big-foreign-investment-flogging-dead-cow. Acesso em: 20 set. 2017.

[226] THE ECONOMIST. Flogging a Dead Cow: The recently nationalised oil company agrees on a big foreign investment. 27 jul. 2013. Disponível em: https://www.economist.com/news/americas/21582304-recently-nationalised-oil-company-agrees-big-foreign-investment-flogging-dead-cow. Acesso em: 20 set. 2017.

[227] MERTEHIKIAN, E. El caso YPF y el acceso a la información. *Clarín*. Disponível em: https://www.clarin.com/economia/economia/caso-YPF-acceso-informacion_0_Sy-eb-eFvmg.html. Acesso em: 22 set. 2017.

[228] Em: YPF: Macri aseguró que "el proyecto va en contra de los intereses de los argentinos". Disponível em: http://www.buenosaires.gob.ar/noticias/ypfmacri-aseguro-que-el-proyecto-del-pen-va-en-contra-de-los-intereses-de-los-argentinos. Acesso em: 25 set. 2017.

de Cristina),[229] a manutenção da YPF e da Aerolíneas Argentinas como empresas estatais foi promessa de campanha de Macri,[230] e o *status* delas permanece. No entanto, tão logo assumiu o posto de Presidente, no fim de 2015, Macri fez modificações na administração da companhia, em especial em seu conselho (diferentemente do governo Kirchner, em que o Ministro da Fazenda tradicionalmente ocupava assento no conselho, o Ministro da Fazenda de Macri afirmou que não ocuparia o cargo, dado haver claro conflito de interesse entre as atividades de ministro e as de conselheiro de uma empresa estatal).[231] O presidente da companhia, Miguel Galuccio, nomeado pelo governo anterior, permaneceu no cargo até maio de 2016.[232]

Em fevereiro de 2018, o governo argentino publicou novas linhas de governança corporativa para suas empresas estatais (Decisão Administrativa 85/2018), fundamentadas em sete eixos: transparência, integridade, sustentabilidade, desempenho econômico, alta gerência, políticas de compras e auditoria e controle. O documento foi elaborado em colaboração com a OCDE,[233] mas possui, ainda, caráter principiológico, apenas estabelecendo regras gerais de transparência, integridade, sustentabilidade, normativas para desempenho econômico, códigos de conduta para a alta

[229] GONZALES, P. R.; MILAN, C. CEO of Argentina's Biggest Oil Company Resigns. *Bloomberg*, 28 ago. 2017. Disponível em: https://www.bloomberg.com/news/articles/2017-08-28/ypf-s-ricardo-darre-is-said-to-resign-as-chief-executive-officer. Acesso em: 25 set. 2017.

[230] LA NACION. Mauricio Macri prometió que YPF y Aerolíneas seguirán siendo estatales. 19 jul. 2015. Disponível em: http://www.lanacion.com.ar/1811860-mauricio-macri-prometio-que-ypf-y-aerolineas-seguiran-siendo-estatales. Acesso em: 25 set. 2017.

[231] "Quizás esa es la señal más fuerte del nuevo directorio. Si se hubiese continuado con la lógica del kirchnerismo, Aranguren debería haber ocupado el puesto. Pero el ahora ministro siempre cuestionó que el ex jefe de Hacienda fuese "juez y parte", como solía decir, algo que según su criterio implicaba una violación a la ley de Ética Pública. Hay varios ejemplos de que Kicillof favoreció a la empresa de la que era director. (...)

Los nuevos directores reemplazan, entre otros, a Rodrigo Cuesta, Nicolás Arceo, Patricia Charvay, Emmanuel Agis y el propio Kicillof, todos funcionarios fieles a la administración de Cristina Kirchner. También estaba Juan Donini, un sobreviviente. Hasta hace dos semanas estuvo como representante del Gobierno y volvió ayer como director por la provincia de Santa Cruz, de donde es ministro de Economía" (BLANCO, P. F. *Tensión*. Macri nombró un directorio incómodo para Galuccio en YPF. La Nacion, 23 dez 2015).

[232] BLANCO, P. F. YPF le pagó $ 72 millones a Galuccio para acordar su salida de la empresa. *La Nacion*, 11 maio 2016.

[233] Mais detalhes do projeto de redação do Código de Governança argentino, em parceria com a OCDE, estão disponíveis em: OECD. *Implementing the OECD Guidelines on Corporate Governance of State-Owned Enterprises*: Review of Recent Developments. Paris: OECD Publishing, 2020.

gerência, políticas de compras e abastecimentos e normas de auditoria e controle.[234] A efetiva implementação dessas normas, ao lado das demais reformas propostas, parece ter sido, no entanto, vítima do acirramento da crise sociopolítico-econômica do país e posterior recessão.

A vertente neoliberal e de redução do Estado na economia, preconizada por Macri no início de seu governo, sofreu um revés depois de sua falha tentativa de reeleição no fim de 2019. A recente assunção como Chefe do Executivo de Alberto Fernández, por muitos considerado um moderado pragmático, tendo por vice-presidente Cristina Kirchner, esquerda com viés populista, não permite entrever com segurança o caminho para a governança corporativa nas estatais argentinas.

4. Arábia Saudita

A capitalização do mercado saudita em comparação com o PIB do país tem sido volátil: no fim do ano 2000 era de 32%, atingiu o pico de 208% em 2005[235] e em 2010 era da ordem de 80%.[236] Investidores estrangeiros qualificados apenas em 2015 foram liberados para investir no país, atualmente detêm participação de apenas 4% da capitalização total[237] e devem respeitar o teto de participação acionária individual máxima de 5% em companhias listadas (adicionalmente, investidores estrangeiros qualificados, em grupo, não podem deter participação superior a 20% em qualquer companhia listada).[238] Atualmente, existem 188 compa-

[234] PRESIDENCIA DE LA NACIÓN. Lineamiento de Buen Gobierno para Empresas de Participación Estatal Mayoritária de Argentina. 2018. Disponível em: http://www.saij.gob.ar/lineamientos-buen-gobierno-para-empresas-participacion-estatal-mayoritaria-nv19125-2018-02-09/123456789-0abc-521-91ti-lpssedadevon?. Acesso em: 21 abr. 2020.

[235] "The Tadawul All Share Index (TASI), which was assigned a base value of 1,000 in 1985, was constructed to track the performance of all companies listed on the exchange.3 During the early 2000s, the TASI began a steady ascent. By year-end 2003, the TASI closed at 4,437.6, up from 2,518.1 at the end of 2002. The index rose in value by 84% in 2004 and 103.7% in 2005, closing at the end of that year at 16,712.64. The Tadawul's market capitalization exhibited similar growth, soaring from $68 billion in 2000 to $646 billion by year-end 2005" (LERNER, J.; LEAMON, A. & DEW, S. *The CMA and the Saudi Stock Market Crash of 2006.* Bella Research Group and Capital Market Authority. 2017. Disponível em: https://cma.org.sa/en/Market/Documents/CMA_Crash2006_en.pdf. Acesso em: 25 mar. 2018).

[236] ALZOMAIA, T. Capital Structure Determinants of Publicly Listed Companies in Saudi Arabia. *The International Journal of Business and Finance Research*, v. 8, n. 2, 2014.

[237] AMICO, A. For Saudi Aramco, good governance must begin at home. *Financial News London*, 17 ago. 2017.

[238] "The Saudi Arabian Capital Market Authority ('CMA') announced during April of 2014 that as of June 15, 2015, Qualified Foreign Investors ('QFI') will be allowed to invest in shares listed

nhias listadas na bolsa de valores saudita, a Tadawul,[239] oito das quais são empresas estatais.

Fundos de investimentos ligados ao Estado – Fundo de Investimento Público (FIP), Organização-Geral de Previdência Pública (GOSI) e Agência de Pensão Pública (PPA) – têm participação em quase metade das companhias listadas: apenas o Fundo de Investimento Público da Arábia Saudita detém participação de mais de US$ 104 bilhões em dezenove companhias listadas. Entre 2015 e 2017, a participação de entidades ligadas ao Estado no mercado de capitais locais variou entre 35% e 40%, segundo dados oficiais da *Capital Market Authority* (CMA).[240]

O principal braço de investimento do Estado saudita, o fundo soberano Fundo de Investimento Público (ou PIF), criado em 1971, tradicionalmente adotava uma postura tímida, privilegiando investimentos de baixo risco e baixo retorno, com o intuito de desenvolver setores estratégicos da economia saudita.[241] O maior protagonismo internacional do FIP aconteceu a partir de 2015, com assunção da presidência do seu conselho de administração pelo herdeiro do trono, Príncipe Mohammad bin Salman (conhecido por Príncipe MBS, também ocupante do cargo de Ministro da Defesa), que anunciou a pretensão de alavancar os recursos do fundo para cerca de US$ 2 trilhões até 2030, tendo por estratégia principal a listagem da Aramco. Se concretizados os planos, o fundo saudita seria o segundo

on the Saudi Stock Exchange 'Tadawul'. QFIs are defined by the CMA regulations as financial institutions such as banks, brokerages, fund managers and insurance companies with at least $5 billion in assets under management. The CMA reserves the right to lower that limit to $3 billion. A single foreign investor will be able to own no more than 5% of any listed firm, while all foreign institutions combined can own no more than 20%. According to the CMA, QFIs can own no more than 10 percent of KSA's stock market by value. Foreign institutions, including central banks, will be required to apply for permissions or licenses from the CMA to be allowed to invest on the Tadawul." PWC. Doing Business in the Kingdom of Saudi Arabia: A tax and legal guide. September 2015. Disponível em: https://www.pwc.de/de/internationale-maerkte/assets/doing-business-in-kingdom-of-saudi-arabia-2015.pdf. Acesso em: 23 ago. 2020.

[239] Sustainable Stock Exchanges Iniciative. Disponível em: https://sseinitiative.org/stock-exchange/tadawul/. Acesso em: 22 abr. 2020.

[240] CAPITAL MARKET AUTHORITY. *Quarterly Statistical Bulletin*. Third Quarter 2017. Outra fonte, Faraj Meshal aponta que a participação do Estado como acionista no mercado de capitais saudita seria da ordem de 36% em 2015. MESHAL, F. *Toward New Corporate Governance Standards in the Kingdom of Saudi Arabia*: Lessons from Delaware. Department of Law, Faculty of Shari'ah and Law. University of Tabulk, Tabulk, Arábia Saudita, 2016.

[241] REUTERS STAFF. Value of Saudi sovereign fund jumps amid market turmoil. *Reuters*, 14 nov. 2017.

maior em investimentos do mundo, empatado com o Fidelity Investments e atrás apenas do BlackRock (US$ 4,3 tri).[242]

Até 2015, o fundo era formalmente parte do Ministério de Finanças do país. Atualmente, é vinculado ao *Council of Economic and Development Affairs* (CEDA), criado em 2015 em substituição ao Conselho Econômico Supremo e que tem por objetivo a concretização do plano Visão Saudita 2030. O CEDA é também presidido pelo Príncipe MBS e tem por membros outros vinte ministros de Estado.

O conselho de administração do PIF é composto por sete outros membros, entre eles os ministros da economia e planejamento, de finanças, de energia, indústrias e recursos minerais e por dois membros do Conselho Saudita de Ministros. A próxima relação do PIF com o Estado tem potencial impacto político-econômico no país: no fim de 2017, com a deflagração de uma operação anticorrupção imputada como iniciativa do Príncipe MBS[243] (que resultou na prisão de diversos membros da família real[244] e empresários no hotel Ritz-Carlton de Ryiadh por três meses), houve valorização das ações de companhias que integram o portfólio do PIF na ordem de US$ 3 bi.[245] Por seu turno, o fundo Kingdom Holding, controlado pelo Príncipe Alwaleed bin Talal – popularmente conhecido como o Warren Buffet do Oriente Médio, maior investidor individual do mercado saudita e quarto maior total, após os fundos públicos[246] –, perdeu quase um quinto do seu valor de mercado durante a prisão do investidor.[247]

Por mais que seja defensor da modernização do reino e de mais direitos para mulheres sauditas, o Príncipe MSB costuma também mencionar as fronteiras do país como "minhas fronteiras".[248] *Não está claro ainda se o*

[242] ANJLI RAVAL. Saudi Aramco strives to curb its state role before IPO. *Financial Times*, 19 jun. 2017. Disponível em: https://www.ft.com/content/c21840d2-5042-11e7-bfb8-997009366969. Acesso em: 4 mar. 2018.

[243] HUBBARD, B.; KIRKPATRICKNOV, D. D. Saudi Arabia Squeezes Detainees as It Tries to Seize Assets. *The New York Times*, 20 nov. 2017.

[244] Entre eles, o Príncipe Miteb bin Abdulla, anteriormente cogitado como potencial herdeiro do trono saudita.

[245] REUTERS STAFF. Value of Saudi sovereign fund jumps amid market turmoil. *Reuters*, 14 nov. 2017. *Financial Times*, 13 dez. 2017.

[246] KINGDOM NEWS. Meet the Top Investors in the Saudi Stock Market: Individuals, Corporates and Government Entities. 1º out. 2017.

[247] KERR, S. Alwaleed's investment kingdom reels without its prince. *Financial Times*, 12 dez. 2017.

[248] "When he gave his first on-the-record interview, to *The Economist* in January 2016, MBS spoke about Saudi Arabia in the first person – talking of 'my borders'.". A shake-up in Riyadh: The tasks facing the new Saudi crown prince. *The Economist*, 22 jun. 2017.

maior ativismo na gestão do FIP também será transposto para a atuação do FIP como acionista controlador de empresas estatais.

Aramco. A notícia de que a Arábia Saudita pretendia abrir a Aramco à participação privada gerou comoção global. Trata-se da maior empresa estatal do mundo e mesmo a listagem de 5% de seu capital social resultaria na maior oferta OPA já realizada (o valor de mercado da companhia então estimado entre US$ 1,5-2 trilhões). A OPA, em dezembro de 2019, superou o recorde até então detido pela Alibaba, mas revelou também a complexidade do relacionamento da companhia com a Coroa, dados os rumores de que o príncipe regente estivesse pressionando famílias e instituições locais com o intuito de garantir o sucesso da listagem.

A companhia representa também um dos pilares do poder da família real Saud, financia cerca de 60% do orçamento anual do país e é considerada exemplo de eficiência em um país dominado pela burocracia.[249] Em escala global, a listagem da companhia alteraria o panorama do setor: a Aramco possui reservatório quinze vezes maior e produz três vezes mais comparativamente à ExxonMobil, atualmente a maior companhia de óleo e gás listada.[250]

A Aramco possui padrão de eficiência reconhecido, imputado à herança do modelo de gestão privada mantido mesmo após a nacionalização da companhia, em 1980, e à atuação não intrusiva do Conselho Supremo do Petróleo na administração da companhia.[251]

A companhia, no entanto, é mais que simplesmente uma petrolífera. Com o intuito de apoiar o desenvolvimento do país, a atuação da empresa se diversifica desde projetos de engenharia e infraestrutura (construção de estádios, hospitais, estradas, escolas e universidades) a programas de erradicação da malária. De fato, para o Estado saudita, a "Aramco é parte companhia de óleo e gás, parte fundo de previdência nacional e parte fundo de investimento soberano". O porta-voz da companhia ressaltou, no

[249] THE ECONOMIST. The prospects for the world's biggest IPO. 24 jun. 2017. Disponível em: https://www.economist.com/news/business/21723872-saudi-aramco-cannot-be-seen-isolation-kingdom-it-funds-prospects-worlds.

[250] RAVAL, A. Saudi Aramco strives to curb its state role before IPO. *Financial Times*, 19 jun. 2017. Disponível em: https://www.ft.com/content/c21840d2-5042-11e7-bfb8-997009366969. Acesso em: 4 mar. 2018.

[251] OECD. *State-Owned Enterprises in the Middle East and North Africa*: Engines of Development and Competitiveness? Paris: Éditions OCDE, 2013b. p. 36.

entanto, que o Estado reembolsa a companhia por todos os custos incorridos com projetos não comerciais. Ainda que o próprio Estado esteja tentando separar atividades comerciais das não comerciais, com o intuito de maximizar a atratividade da oferta de ações da companhia, permanece a relutância em renunciar completamente ao seu papel de facilitadora de projetos estatais. Nas palavras do professor da New York University, Aswath Damodaran, "Aramco não é uma companhia, e sim a bolsa do Estado saudita para administrar o país".[252]

Analistas divergem sobre o panorama pós-listagem da companhia. Para alguns, o padrão de funcionamento atual garantiria um lugar para a Aramco entre as *blue chips* do setor, ao lado de ExxonMobil e Shell. Para outros, a participação estatal na companhia atrairia o estigma de uma potencial interferência política, a exemplo dos recentes problemas enfrentados pela PetroChina e Petrobras.[253] A recente listagem na Tadawul não permite inferir com precisão os rumos futuros da companhia, dada a falta de literatura e análises quando da redação deste texto.

Os planos iniciais do Príncipe MBS, responsável pelo anúncio da decisão de abrir o capital da companhia – mesmo antes que altos executivos da Aramco soubessem dos planos –, seriam de listar a companhia na bolsa de valores de Nova Iorque, Londres ou Hong Kong. A mera possibilidade fez com que até mesmo governantes desses países fizessem manifestações públicas favoravelmente à iniciativa.[254] Em movimento imputado à vontade de atrair para si o negócio e que angariou forte críticas de investidores e associações de proteção de acionistas, a bolsa de Londres decidiu relaxar

[252] ANJLI RAVAL. Saudi Aramco strives to curb its state role before IPO. *Financial Times*, 19 jun. 2017. Disponível em: https://www.ft.com/content/c21840d2-5042-11e7-bfb8-997009366969. Acesso em: 4 mar. 2018.

[253] THE ECONOMIST. The prospects for the world's biggest IPO. 24 jun. 2017. Disponível em: https://www.economist.com/news/business/21723872-saudi-aramco-cannot-be-seen-isolation-kingdom-it-funds-prospects-worlds.

[254] Nos Estados Unidos: "Would very much appreciate Saudi Arabia doing their IPO of Aramco with the New York Stock Exchange, Trump wrote on Twitter. 'Important to the United States!'". Citado por: LANDAY, J.; SHAMSEDDINE, R. Trump backs New York in bourses' battle for Saudi Aramco listing. *Reuters*, 4 nov. 2017. Disponível em: https://www.reuters.com/article/us-usa-trump-aramco/trump-backs-new-york-in-bourses-battle-for-saudi-aramco-listing-idUSKBN1D40IL. Já no Reino Unido, "a spokesperson for the Prime Minister said: 'Obviously there are lots of big stock exchanges which have an interest in Aramco, including the London Stock Exchange, which we believe has made a very strong case for it being based here'". LSE Has Made Strong Case for Aramco Listing: UK PM's Spokesman. *Reuters*, 6 nov. 2017.

suas regras de listagem e levou a *Financial Conduct Authority* (FCA), regulador financeiro independente do governo inglês, a propor a criação de um segmento *premium* especial de listagem para acomodar as peculiaridades de empresas estatais que decidam abrir seu capital.[255]

Uma alternativa seria a venda privada para investidores combinada com a listagem doméstica, na Tadawul, da ordem de 1% do capital. Pairavam dúvidas, no entanto, sobre se a Tadawul teria capacidade de abrigar uma listagem desse porte: por mais que seja a principal bolsa do oriente médio e possua elevados níveis de governança, os volumes nela transacionados são ínfimos quando comparados aos das maiores bolsas estrangeiras.[256]

A opção pela listagem exclusivamente doméstica (mas aberta a investidores estrangeiros qualificados), na Tadawul, foi a culminação de anos de negociações internacionais, e, para além do esfriamento do entusiasmo internacional de mercados estrangeiros, pode indicar um desejo de manutenção da operação de abertura de capital em um ambiente mais controlado, com forte apelo ao patriotismo de seus cidadãos para tornar bem-sucedida a operação, a despeito de certa desconfiança no cenário internacional.[257]

Por meio da OPA, a participação governamental na Aramco foi reduzida de 100% para 98,44%, sendo 1,5% das ações oferecidas ao público e 0,06% mantidas em tesouraria.[258] A companhia manteve apenas uma classe de ações, de modo que cada ação confere direito de um voto a seu detentor.[259]

[255] As principais modificações propostas dizem respeito às transações com partes relacionadas e ao papel do Estado como acionista controlador: "The new premium listing category would include the full suite of investor protection applicable to companies in the existing premium listing category with two modifications the FCA considers appropriate for companies of this type: 1) the related party rules would operate on a modified basis: the sovereign controlling shareholder would not be considered a related party for the purposes of the UK listing rules; 2) the controlling shareholder rules will not apply to companies in the new category in respect of the sovereign controlling shareholder". FCA. FCA proposes new premium listing category for sovereign-controlled companies. *FCA Press Release*, 13 jul. 2017.

[256] AMICO, A. For Saudi Aramco, good governance must begin at home. *Financial News London*, 17 ago. 2017.

[257] RAVAL, A. Saudi Aramco looks for patriotic IPO support close to home. *Financial Times*, 22 nov. 2019. Disponível em: https://www.ft.com/content/0e9b9952-0b78-11ea-b2d6-9bf4d1957a67. Acesso em: 22 jan. 2020.

[258] ARAMCO. *Prospectus*: Offering Summary. 2019. p. xxiii. Disponível em: https://cma.org.sa/en/Market/Prospectuses/Documents/Saudi_Aramco_Prospectus.pdf.

[259] ARAMCO (2019, p. xxii).

O delicado relacionamento com o governo saudita é reconhecido pelo prospecto de oferta da Aramco, que lista, i) entre os riscos ligados à indústria e ao ambiente regulatório, o de que "o Governo direcione a Companhia a assumir projetos ou a fornecer assistência a iniciativas alheias aos negócios principais da Companhia, os quais podem não ser consistentes com os objetivos comerciais imediatos da Companhia ou com a maximização de lucros";[260] e, ii) entre os riscos ligados à oferta de ações, o de que "os interesses do Governo, acionista controlador da Companhia, divirjam dos interesses da Companhia ou de seus acionistas minoritários".[261]

Ao tratar do relacionamento da Aramco com o Reino ("Kingdom"), o prospecto informa que:

a) o Reino é proprietário de todas as reservas de hidrocarbonos, que a Aramco é detentora do direito de explorar em caráter de exclusividade tais reservas (concessão inicial de 20 anos, iniciada em 2017, e passível de extensão por mais 40 anos) e que a companhia se submete às decisões de produção acordadas pelo governo no âmbito da OPEC;[262]
b) a Aramco está engajada em diversos projetos de reponsabilidade social corporativa ("corporate citizenship"), a exemplo de centros culturais, universidades, centros de pesquisa. Até 2017, a companhia era reembolsada pelo Reino pelas despesas incorridas via redução de encargos tributários. De 2017 em diante, o contrato de concessão determina que todos os contratos da Aramco com qualquer agência governamental deverão ser remunerados sob bases comerciais, em valor de mercado;[263]
c) o prospecto ainda lista uma série de relações entre as partes relacionadas e os mecanismos formulados, a partir de 2017, para compensá-las.[264] A política de partes relacionadas da companhia estabelece a revisão de tais operações pelo Comitê de Auditoria, determina que quaisquer contratos com o governo devem ser feitos em termos de mercado e veda que seus diretores tenham interesse pessoal em

260 ARAMCO (2019, p. 22).
261 ARAMCO (2019, p. 27-28).
262 ARAMCO (2019, p. 85).
263 ARAMCO (2019, p. 87).
264 ARAMCO (2019, p. 204-206).

qualquer operação feita em nome da companhia, a não ser que previamente autorizado pelo conselho.

Do ponto de vista da governança interna, o conselho de administração da Companhia é composto por onze diretores, dos quais seis são diretamente indicados pelo Governo e cinco são diretores independentes, cujos nomes são selecionados pelo Comitê de Nomeação e submetidos ao conselho. Qualquer investidor ou grupo de investidores que deter mais de 0,1% do capital da companhia tem o direito de propor ao Comitê de Nomeação, o nome de um candidato ao conselho.[265] A remuneração de conselheiros e diretores sênior é objeto de deliberação pelo conselho de administração, deve seguir a política de remuneração estabelecida pelo Comitê de Remuneração e, nos termos do estatuto da companhia, qualquer remuneração que ultrapasse o limite anual de 1,8 milhão de riyal sauditas (cerca de 480 mil dólares, na cotação de abril de 2020), deve ser objeto de deliberação pela Assembleia Geral de acionistas.[266]

Ainda que, por seu porte, a listagem da Aramco seja um divisor de águas na história do mercado de capitais saudita, não se trata de iniciativa pioneira no país.[267] Desde 2002, a Arábia Saudita privatizou 22 empresas estatais.[268] Na primeira leva de privatizações,[269] em 2002, coordenada pelo Conselho Econômico Supremo, foram eleitas para privatização empresas estatais dos mais diversos setores: saneamento, telecomunicação, mineração, energia, transporte aéreo e serviços aeroportuários, serviços postais, hotelaria, moinhos de farinha, serviços educacionais, bancos e refinarias. Ainda que a iniciativa estivesse sendo gestada desde o fim da década

[265] ARAMCO (2019, p. 108-109).

[266] ARAMCO (2019, p. 118).

[267] WIDDERSHOVEN, C. Why the massive Saudi Aramco IPO was delayed? *Business Insider*, 15 set. 2017. Disponível em: http://www.businessinsider.com/why-saudi-arabia-aramco-delayed-ipo-2017-9. Acesso em: 3 out. 2017.

[268] US STATE DEPARTMENT'S OFFICE OF INVESTMENT AFFAIRS. *Investment Climate Statement. Saudi Arabia – 7-State-Owned Enterprises.* 19 jul. 2017. Disponível em: https://www.state.gov/reports/2017-investment-climate-statements/saudi-arabia/. Acesso em: 23 ago. 2020.

[269] A segunda onda de reformas está contida no projeto Visão Saudita 2030, com o objetivo de reduzir a dependência do país em relação ao óleo, aumentar a transparência e eficiência dos gastos estatais (o Estado emprega cerca de 2/3 da população local) e tem como principal estratégia a listagem da Aramco. Can Saudi Arabia Reform Itself? Jan 20, 2017 BERNARD HAYKEL. Project Syndicate.

de 1980, o passo adotado pelas autoridades responsáveis foi lento. Entre os motivos apontados, a falta de um setor privado que assumisse atividades e serviços privatizados, um mercado de capitais frágil, a falta de um aparato regulatório e aspectos intrínsecos à reestruturação de uma empresa estatal.[270]

Entre as principais iniciativas dessa leva inicial de privatização, a Saudi Telecommunications Company (STC) listou cerca de 20% de seu capital em janeiro de 2003; a National Company for Cooperative Insurance ofertou ao público parcela de 50% de seu capital em 2005; a Sabic, por seu turno, listou 35% da recém-formada Yanbu National Petrochemical Company (Yansab), maior complexo petroquímico da companhia.[271]

Dados da OCDE apontam que, em 2017, o país possuía sete companhias de participação estatal majoritária listadas.[272] A seguir, são analisados com maior cuidado a estrutura societária e o processo de desestatização ou de criação de seis empresas estatais listadas: Sabic, Yansab, STC, NCB, SEC e Ma'aden.[273] Todas elas são exclusivamente listadas na Tadawul. Assim, caso a Aramco se decida pela listagem em alguma bolsa estrangeira, a iniciativa seria protagonista no país, tanto para empresas estatais sauditas quanto para empresas privadas sauditas.[274]

Sabic e Yansab. Criada como empresa pública em 1976 para atuar na área de aproveitamento de subprodutos do óleo para produção de químicos, plástico e fertilizantes, a Sabic é a maior companhia saudita listada. Desde sua listagem, em 1984, 70% do seu capital está nas mãos do governo, via Fundo de Investimento Público, e os demais 30% estão nas mãos de acionistas privados e de outras instituições (entre elas a Organização-Geral de

[270] AKOUM, I. Privatization in Saudi Arabia: Is Slow Beautiful? *Thunderbird International Business Review*, 2009.

[271] USA INTERNATIONAL BUSINESS PUBLICATIONS. Saudi Arabia Central Bank & Financial Policy Handbook (World Business, Investment and Government Library). *Intl Business Pubns USA*, p. 192, 2005.

[272] OCDE (2017a, p. 67).

[273] Ainda que a OCDE aponte haver sete empresas estatais listadas, nesta obra foram identificadas somente quatro. Apontada como empresa estatal listada, o Ryiad Bank conta, atualmente, com apenas 47,65% do seu capital distribuído entre os três fundos estatais. Já a Ma'aden possui 50% do seu capital nas mãos do Estado, e os outros 50% nas mãos de investidores privados.

[274] REUTERS STAFF. UPDATE 2-Saudi Aramco IPO unlikely to require rule changes says regulator. *Reuters*, 6 dez. 2016. Disponível em: https://www.reuters.com/article/saudi-aramco-ipo-regulations/update-2-saudi-aramco-ipo-unlikely-to-require-rule-changes-says-regulator-idUSL5N1E12VM.

Seguridade Social, controlada pelo Estado). Além de ser uma das maiores petroquímicas do mundo, a Sabic possui uma estratégia agressiva de aquisições, especialmente na Europa (a exemplo da aquisição de 25% da suíça Clariant, em 2017).[275]

A participação acionária do Estado na Sabic lhe confere o direito de indicar cinco dos nove membros do conselho de administração, incluindo presidente e vice-presidente. Os outros quatro membros devem necessariamente ser do setor privado, nos termos de seu Código de Governança.[276] Em outubro de 2017, houve uma reforma no conselho de administração da companhia, o que marcou o fim do mandato de quinze anos do Príncipe Saud à frente do conselho. Em seu lugar e com a promessa de integrar a Sabic aos esforços do Vision 2030, assumiu o executivo saudita Dr. Abdulaziz Bin Saleh Al-Jarbou, também conselheiro de duas outras empresas estatais sauditas listadas (Riyad Bank e Ma'aden). Dos demais membros indicados pelo governo e aprovados na AGE, um possui vínculo prévio com a Administração Pública, Dr. Fahad Abdullah Al-Mubarak, conselheiro da Corte Real saudita e Secretário-Geral do país no G-20. Ainda que indicados pelo governo, há previsão no Código de Governança da companhia no sentido de que o conselheiro representa todos os acionistas, não devendo favorecer os interesses do acionista que lhe indicou ("A member of the Board of Directors represents all shareholders; he undertakes to carry out whatever may be in the general interest of the Corporation, but not the interests of the group he represents or that which voted in favor of his appointment to the Board of Directors").[277]

A Yansab foi criada em 2006 pela Sabic com o objetivo de criar um complexo petroquímico na cidade industrial de Yanbu, e suas operações comerciais tiveram início em 2010. Atualmente, seus dois maiores acionistas são a Sabic, com participação acionária de 51%, e a GOSI, com participação acionária de 10,5%.

[275] BLACKSTONE, B.; PARASIE, N. Saudi Giant Snaps Up Clariant Stake from Activists. *Wall Street Journal*, 25 jan. 2018. Disponível em: https://www.wsj.com/articles/activists-sell-clariant-stake-to-saudi-chemicals-maker-1516872711. Acesso em: 13 fev. 2018.

[276] Chapter three. Saudi Basic Industries Corporation (SABIC) Corporate Governance Regulations. Disponível em: https://www.sabic.com/assets/en/Images/SABIC-CG-English-April_tcm12-5221_tcm1010-4450.pdf. Acesso em: 13 fev. 2018.

[277] Chapter three. Article 3, d. Saudi Basic Industries Corporation (SABIC) Corporate Governance Regulations 2018.

STC. Criada em 1998 e alvo da onda de desestatização de 2002, o capital social da Saudi Telecom Company (STC)[278] encontra-se dividido entre Fundo de Investimento Público (70%), Fundo de Pensão Pública (6,77%), Organização-Geral de Seguridade Social (7%) e os demais 16,23% entre investidores privados.[279] No total, 84% do capital está nas mãos de entidades governamentais. O conselho é composto por nove membros, mas o Estatuto Social não especifica quantos serão nomeados pelo governo; o presidente do conselho é eleito pelos próprios conselheiros.[280]

Com o fim do monopólio no setor de telecomunicações saudita, em 2002, o ministro responsável pela pasta foi categórico em afirmar que a "STC será tratada como outra operadora qualquer quando o mercado for aberto à competição"; no mesmo sentido, o presidente do órgão regulador de telecom afirmou que "providenciaria aos novos competidores maior liberdade que à STC em termos de preços, de forma a restringir a capacidade da STC de elevar barreiras à entrada".[281]

O desempenho da STC pós-privatização divide opiniões, especialmente após o fim do seu monopólio no setor de telefonia móvel em 2005: ainda que a receita cresça positivamente, os lucros experimentaram redução da ordem de 43% entre 2006 e 2013. A diminuição da lucratividade, para alguns, pode estar ligada tanto ao passado estatal da companhia, em especial ao excesso de mão de obra (a lucratividade *per capita* de cada trabalhador é quase metade do principal competidor privado), quanto aos esforços de internacionalização para países como África do Sul, Turquia, Kuwait e Índia, o que gera grave comprometimento da distribuição de dividendos.[282]

[278] Nesta pesquisa não foi encontrado o prospecto da oferta. Alguns detalhes estão contidos no *site* da companhia, no balanço financeiro de 2013, disponível no *site* da companhia.

[279] Dados de 31 de dezembro de 2016. Disponíveis no documento *STC Investor Factsheet*, divulgado pela STC.

[280] SAUDI TELECOM. Company's Articles of Association (Saudi Stock Company). Outros documentos analisados: Consolidated Financial Statements for the Year Ended December 31, 2014. STC Annual Report 2013 (último disponível em inglês – disponível em: http://www.stc.com.sa/wps/wcm/connect/english/stc/investorRelations/annualReport.) e 2017 Investor Factsheet (disponível em: http://www.stc.com.sa/wps/wcm/connect/english/stc/resources/9/1/9136627f-1358-4eef-9ea-4-77f66d0d4ddb/Factsheet2017En.pdf.).

[281] AL-QEDAIHY, A. STC loses its monopoly in telecom sector. *Arab News*, 28 jul. 2002.

[282] REUTERS STAFF. MIDEAST MONEY-High costs, foreign troubles challenge Saudi telecom giant. *Reuters*, 26 jun. 2013.

NCB. National Commercial Bank (NCB) é o maior e mais antigo banco saudita: criado em 1953, possui cerca de quinhentas agências e mais de três milhões de clientes.[283] O banco é controlado pelo governo, e, desde 2014, 64,33% de suas ações encontram-se nas mãos dos fundos estatais de investimento, na seguinte proporção: Fundo Público de Investimento (44,29%), Organização-Geral de Segurança Social (10%) e Agência de Pensão Pública (10,04%).[284] As demais ações do banco encontram-se nas mãos de acionistas privados, e nenhum deles detém posição acionária superior a 5%. O banco possui exclusivamente ações ordinárias, mas há previsão em seu estatuto social (art. *9º) para que a assembleia geral de acionistas autorize a emissão de ações preferenciais, desde que haja chancela da autoridade bancária, a Saudi Arabian Monetary Authority* (SAMA).

A oferta pública de ações do banco,[285] em 2014,[286] levantou US$ 6 bilhões em recursos, sendo considerada a maior do mundo árabe e a segunda maior do mundo em 2014, atrás apenas da oferta promovida pela companhia Alibaba.[287] A participação estatal no banco, até então de 79,33%, foi reduzida por meio da alienação de 25% de participação acionária detida pelo Fundo de Investimento Público: 10% destinados exclusivamente à Agência de Pensão P*ú*blica e os outros 15% postos à venda em bolsa, exclusivamente para cidadãos sauditas,[288] ou seja, não foi aberta a investidores institucionais ou companhias sauditas (que remanescem com 1,82% de participação na companhia).

[283] NCB. Overview. Disponível em: https://www.alahli.com/en-us/about-us/corporate-profile/pages/ncb-overview.aspx. Acesso em: 14 mar. 2019.

[284] Disponível no *site* do NCB, na aba "governança corporativa": https://www.alahli.com/en-us/Investor_Relation/Pages/Major-Shareholders.aspx.

[285] Inicialmente privado, o banco abriu capital pela primeira vez em 1990, com a listagem de 2% de seu capital. Em 1999, o Estado saudita, por meio do Fundo de Investimento Público, adquiriu controle do banco com a compra de 50% das ações da família Bin Mahfouz, fundadora da instituição (que detinha 98% do banco até então). Em 2001, a família fundadora colocou o restante de suas ações à venda para o Estado (que se tornou detentor de 79,33% do banco, dos quais 10% estavam nas mãos do GOSI) e investidores privados. Fonte: NCB Prospectus, p. 11. Disponível em: https://cma.org.sa/en/Market/Prospectuses/Documents/NCB_Main_EN_V.5.pdf.

[286] Interessante notar que, entre os riscos listados no prospecto da oferta, estava "Risks Relating to the Interpretation of Shari'ah Principles".

[287] OMRAN, A. Al. Saudi NCB's $6 Billion IPO Heavily Oversubscribed. *The Wall Street Journal*, 6 nov. 2014. Disponível em: https://www.wsj.com/articles/saudi-ncbs-6-billion-ipo-heavily-oversubscribed-1415265892.

[288] Incluindo mulheres divorciadas e viúvas que tenham sido casadas e tido filhos com não sauditas. Fonte: NCB Prospectus. Disponível em: https://cma.org.sa/en/Market/Prospectuses/Documents/NCB_Main_EN_V.5.pdf.

No prospecto da oferta, o risco de se ter "certo tipo" de acionista majoritário (*certain principal shareholders*) é mencionado entre os "riscos relacionados à subscrição de ações" (item 2.3 do Prospecto), em que se afirma que os interesses dos acionistas controladores podem não estar alinhados com os dos acionistas minoritários (item 2.3.1 do Prospecto), dado que, após a subscrição:

> Os principais acionistas do NCB serão o PIF, GOSI e PP, que juntos detêm 64,33% do capital, conferindo ao governo uma maioria indireta no NCB. Como resultado, os principais acionistas do NCB, atuando de forma conjunta, terão a capacidade de influenciar de forma significativa as atividades do NCB, por meio da sua capacidade de controlar decisões e ações que requeiram aprovação dos acionistas, incluindo, mas não estando a elas restrita, a eleição de diretores, transações empresariais relevantes, distribuição de dividendos e ajustes de capital. Havendo ocasião em que os interesses dos acionistas principais da NBC conflitem com os dos acionistas minoritários (incluindo os subscritores da venda de ações), os subscritores poderão estar em desvantagem e os acionistas principais poderiam exercer o controle sobre a NCB de maneira que afete adversamente o funcionamento da NCB, sua condição financeira, resultados de operações e prospectos.[289]

No relatório anual de 2016, o NCB tornou público seu compromisso com a concretização do Plano Visão Saudita 2030 e do Programa de Transformação Nacional 2020. De acordo com a declaração do presidente do

[289] Tradução livre. No original: "2 – 3 Risks Relating to the Subscription Shares 2 – 3 – 1 NCB is controlled by certain principal Shareholders whose interests may not be aligned with the interests of the minority. Following the Subscription, NCB's principal Shareholders, PIF, GOSI and PPA will together hold 64.33% of NCB's issued share capital, giving the Government an indirect majority shareholding in NCB. As a result, NCB's principal Shareholders, acting together or with other shareholders, have the ability to significantly influence NCB's business through their ability to control decisions and actions that require Shareholder approval including, without limitation, the election of directors, significant corporate transactions, dividend distributions and capital adjustments. If circumstances were to arise where the interests of NCB's principal Shareholders conflict with the interests of minority Shareholders (including Subscribers to the Retail Allocation), Subscribers to the Retail Allocation may be disadvantaged by any such conflict and the principal Shareholders may otherwise exercise their control over NCB in a manner that may adversely affect NCB's business, financial condition, results of operations or prospects".

conselho de administração (*Chairman Statement*), "o banco confia em sua competência, o que o viabiliza a ter um papel efetivo na conquista das aspirações do Reino por meio da 'Visão'". Afirma ainda que o banco será instituição financeira protagonista no apoio ao plano de desenvolvimento saudita, por meio de suporte às iniciativas do Programa de Balanço Fiscal e a desafios de curto prazo (financiamento ao setor privado e aumento das oportunidades de investimento para investidores de todos os tipos). Entre as iniciativas, o banco assumiu compromisso de priorizar a maximização de conteúdo local por meio do apoio à indústria nacional e da redução da dependência de importações, a transformação digital, o apoio e o financiamento de projetos que aprofundem a parceria entre os setores públicos e privados, com o objetivo de aumentar a contribuição do setor privado ao PIB do país.[290]

SE. Formada a partir da fusão de empresas elétricas regionais, em 2000, a Saudi Electricity Company (SE, anteriormente conhecida por SEC) é a maior companhia saudita do setor e atua nas áreas de geração, transmissão e distribuição de energia. Atualmente, 74,31% de seu capital está nas mãos do governo, 6,93% nas mãos da Saudi Aramco (empresa integralmente estatal) e os demais 18,78%, nas mãos de agentes privados.[291] Tanto o presidente quanto o vice-presidente do conselho de administração são eleitos pelo próprio conselho[292] e não constam em seu conselho membros da família real.[293]

A estratégia autodeclarada da companhia é a de "implementar a política do governo para o desenvolvimento da indústria de energia elétrica no reino, com o objetivo primário de fornecer energia segura, confiável e custo-eficiente a usuários finais".[294] Entre as vantagens do seu negócio, a SE lista o apoio governamental, que inclui a disponibilidade de

[290] The National Commercial Bank Annual Report 2016. p. 11. Disponível em: https://www.alahli.com/ar-sa/about-us/ncb_reports/Documents/NCB%20Annual%20Report%202016%20R4.pdf. Acesso em: 20 fev. 2018.

[291] Fonte: *site* da companhia (home > investor Relations > shareholders). Disponível em: https://www.se.com.sa/en-us/invshareholder/Pages/CompanysCapital.aspx. Acesso em: 23 ago. 2020.

[292] SE. Articles of Agreement: Article 18 – The Board shall appoint from its members a chairman and a vice chairman who shall be authorized to call for meetings and chair the meetings of the Board and general assembly and also to represent the company before the governmental circles, other companies, individuals, courts.

[293] SE 2016 Anual Report.

[294] SAUDI ELECTRICITY COMPANY. Prospectus. Parte 1. 28 jan. 2014.

empréstimos de longo prazo sem juros, pagamento, pelo Estado, de tarifas mais alta pela energia fornecida a usuários governamentais, fornecimento de combustível a preços subsidiados pela Aramco, assunção de responsabilidade, pelo governo, de valores devidos para a Aramco.[295]

Ainda assim, a companhia informa que suas finanças não são de qualquer forma garantidas pelo governo e que o fato de poder contar com apoio financeiro do governo não é envolta em qualquer garantia futura.[296] Entre os riscos do negócio (o prospecto em questão trata da emissão de *sukuk*, espécie de debênture que se submete aos preceitos da sharia), a companhia cita eventual não alinhamento entre os interesses do controlador estatal e dos detentores de *sukuk* (*sukukholders*), a exemplo da capacidade do governo de controlar a composição do conselho e, portanto, influenciar suas decisões, e de eventualmente prevalecer a decisão do governo de fornecer energia a baixo custo, em detrimento da receita e lucros da companhia.[297]

Ma'aden. A Saudi Arabian Mining Company (Ma'aden) é uma mineradora cujas atividades principais estão na extração, no processamento e na comercialização de ouro, alumínio, bauxita e fosfato. A criação da companhia se deu por decreto real, em 1997, e representou um esforço do governo saudita no sentido de diversificar a economia doméstica para além da exploração de óleo. Em 2008, o Estado decidiu listar a companhia, abrindo mão de seu controle: 50% do capital remanesceriam com o Fundo de Investimento Público, 5% seriam divididos entre GOSI e PPA e os outros 45% ficariam com investidores privados. No prospecto, a companhia aponta como uma de suas vantagens o "apoio significativo do governo", consistente na provisão de infraestrutura rodoviária e portuária para seus projetos, alocação de

[295] No original: "The Government, which effectively owns directly and indirectly approximately 81.2 per cent. of SEC's issued share capital, has historically been supportive in ensuring that the SEC Group can adequately meet the electricity demands of the Kingdom. Such support by the Government has included providing SEC with significant long-term interest-free loans, allowing higher tariffs for electricity supplied to governmental customers, the provision of subsidised fuel through Saudi Aramco, allowing deferred payment for this fuel in addition to power purchased from SWCC and municipality fees, and the assumption of responsibility for significant payables owed to Saudi Aramco. SEC views these forms of Government support as critical elements of its competitive strength. See 'Management's discussion and analysis of financial condition and results of operations – Relationship with the Government'" (SAUDI ELECTRICITY COMPANY, 2014, p. 19).

[296] SAUDI ELECTRICITY COMPANY, 2014, p. 39).

[297] SAUDI ELECTRICITY COMPANY, 2014. p. 40).

combustíveis para abastecer seus projetos e subsídio significativo na conexão de abastecimento de energia de Ras as Zawr (cidade que abriga projetos da companhia) com a rede pública de eletricidade. A participação estatal é, por outro lado, listada como risco relacionado à oferta, uma vez que o acionista fundador teria o controle efetivo ("effective control") da companhia e a capacidade de influenciar todas as votações que necessitem de aprovação da assembleia de acionistas, tanto pela sua capacidade de aprovar resoluções ordinárias sem o apoio dos demais acionistas, como pela possibilidade de barrar tentativa dos demais acionistas de aprovar resoluções ordinárias.[298] Desde 2015, a participação de GOSI e PPA elevou-se para 7,98% e 7,45%, respectivamente, restando 34,57% com investidores privados.[299]

Das empresas estatais sauditas, a Ma'aden é a que apresenta maior incidência de representantes do governo no conselho de administração da companhia. Em 2008, eram membros não executivos o ministro de petróleo e recursos minerais, H. E. Ali Ibrahim Al-Naimi (presidente do conselho), e o Príncipe Feisal Bin Turki Bin Abdulaziz, assessor do ministro e ocupante de diversos cargos no ministério. Atualmente, fazem parte do conselho o ministro da saúde (presidente do conselho da Ma'aden, mas também ex-presidente e atual conselheiro da Aramco) e o presidente ("governor") da GOSI.

Arcabouço normativo saudita. Discutida ao longo de mais de uma década, a nova Lei de Companhias saudita foi promulgada em 2015, por meio do Decreto Real n. M3, de 28/1/1437 (10.11.2015), e entrou em vigor em maio de 2016. Pelos seus termos, as empresas estatais sauditas encontram-se submetidas à Lei de Sociedades, mas podem se afastar de suas disposições desde que o requeiram e obtenham aprovação do Conselho de Ministérios.[300] Todas as empresas listadas devem adotar a forma de sociedade por ações (*Joint Stock Company* [JSC]).

Entre as principais novidades trazidas pela nova lei, a possibilidade de que o Estado seja acionista único de sociedades anônimas, o aumento

[298] Ma'aden Prospect. 2008.

[299] Informações disponíveis no *site* institucional da companhia, em especial https://www.maaden.com.sa/en/investor/shareholder. Acesso em: 9 mar. 2018.

[300] Nos termos da lei: "If the application for incorporating a joint-stock company, which is wholly or partially incorporated by the State or other public legal persons, includes a request for exemption from certain provisions of the Law, such application shall be submitted to the Council of Ministers for approval".

do poder de atuação da CMA do ponto de vista societário, o fim da obrigatoriedade de que conselheiros tenham ações da companhia em garantia para exercício do mandato e a obrigatoriedade de que as companhias respeitem os preceitos da sharia quando emitirem ou negociarem instrumentos de débito.[301]

No tocante à remuneração dos membros do conselho de administração, a metodologia de cálculo não sofreu alteração, e pode consistir em montante fixo, pagamento baseado no comparecimento às reuniões, benefícios em espécie, porcentagem do lucro da companhia, ou a combinação de qualquer desses quesitos. A alteração promovida foi apenas na atualização do valor máximo de remuneração, que subiu de SAR 200 mil (cerca de US$ 53 mil) para SAR 500 mil (cerca de US$ 133 mil), mas que não é aplicável ao presidente ou ao diretor executivo do conselho.[302]

As empresas estatais listadas encontram-se sob competência da CMA, criada em 2003 por meio do Decreto Real n. (M/30) de 2/6/1424H (31.7.2003). Se, há dez anos, a pouca experiência e a atuação tímida da instituição na regulação do mercado de capitais saudita foram considerados fatores que contribuíram para o *crash* de 2006,[303] recentemente a CMA tem sido acusada pelos jurisdicionados por ela condenados de exceder suas competências ao impor pena de prisão para pessoas que tenham cometido infrações à lei de mercado de capitais. A lei estabelece pena de multa em valores que variam de SAR 10 mil (certa de US$ 2.666,00) a SAR 100 mil (cerca de US$ 26.667,00) por infração cometida: em 2017, a CMA puniu em SAR 1,6 bi (cerca de US$ 426 milhões) uma pessoa física.[304]

[301] CLIFFORD CHANCE. *Briefing note*: Saudi Arabia – New Companies Law. Dez 2015. Disponível em: https://www.cliffordchance.com/content/dam/cliffordchance/briefings/2015/12/saudi-arabia-new-companies-law.pdf.

[302] CLIFFORD CHANCE (2015).

[303] Ver BAAMIR, A. Issues of transparency and disclosure in the Saudi stock market. *Arab law Quaterly*, v. 22, 2008.

[304] "The Capital Market Authority (CMA) said in the ruling that it is imposing various penalties over 'illegal profits' and other irregularities during the builder's initial public offering (IPO). Penalties include a sanction of SR1.62 billion against Mohammed bin Hamad Al-Mojil, former chairman of MMG's board, over 'illegal profits' connected with the IPO. He is also subject to a five-year prison term, separate SR300,000 fine and a ban from working in listed companies for 10 years." A mesma decisão proibiu a companhia Deloitte de atuar no reino por um período de dois anos. LULWA SHALHOUB. Saudi market regulator confirms fines, jail terms in MMG case. *Arab News*, 9 fev. 2017.

Em 2017, depois de consulta pública, a CMA reeditou a Regulação de Governança Corporativa aplicável às empresas listadas, cujos termos são ou de adoção obrigatória, ou dentro da lógica *comply or explain*.[305] As disposições da regulação complementam a Lei de Companhias, especialmente em relação a competências do conselho de administração e das assembleias de acionistas, estrutura interna da companhia (comitê de nomeação, de remuneração, auditoria interna). A regulação prevê também número mínimo de conselheiros independentes[306] (dois conselheiros ou 1/3 do conselho, o que for maior) e determina que a maioria do conselho seja de membros não executivos.

A mesma lei que criou a CMA delineia a atuação da bolsa de valores saudita, que opera no país com caráter de exclusividade, e estabelece a composição de seu conselho, entre os quais, representantes do Ministério

[305] CAPITAL MARKET AUTHORITY. *Corporate Governance Regulations*. 2017. Disponível em: https://cma.org.sa/en/RulesRegulations/Regulations/Documents/CGRegulations_en.pdf. Acesso em: 19 mar. 2018.

[306] Critérios para aferir a independência do conselheiro estão no art. 20, item c, da Regulação de Governança Corporativa, e os deveres do conselheiro independente estão no art. 31: "By way of example, the following negate the independence requirement for an Independent Director: 1) if he/she holds five percent or more of the shares of the Company or any other company within its group; or is a relative of who owns such percentage. 2) if he/she is a representative of a legal person that holds five percent or more of the shares of the Company or any company within its group; 3) if he/she is a relative of any member of the Board of the Company, or any other company within the Company's group; 4) if he/she is a relative of any Senior Executive of the Company, or of any other company within the Company's group; 5) if he/she is a Board member of any company within the group of the Company for which he/she is nominated to be a Board member. 6) if he/she is an employee or used to be an employee, during the preceding two years, of the Company, of any party dealing with the Company or any company within its group, such as external auditors or main suppliers; or if he/she, during the preceding two years, held a controlling interest in any such parties; 7) if he/she has a direct or indirect interest in the businesses and contracts executed for the Company's account; 8) if the member of the Board receives financial consideration from the Company in addition to the remuneration for his/her membership of the Board or any of its committees; 9) if he/she engages in a business where he competes with the Company, or conducting businesses in any of the company's activities. 10) if he/she served for more than nine years, consecutive or inconsecutive, as a Board member of the Company." E, Article 31: Duties of the Independent Director Without prejudice to Article (30) of these Regulations, an Independent Director of the Board shall effectively participate in the following duties: 1) expressing his/her independent opinion in respect of strategic issues and the Company's policies and performance and appointing members of the Executive Management; 2) ensuring that the interest of the Company and its shareholders are taken into account and given priority in case of any conflicts of interest; 3) overseeing the development of the Company's Corporate Governance rules, and monitoring the implementation of the rules by the Executive Management".

das Finanças, do Ministério do Comércio e Indústria, da SAMA, das companhias de corretagem e das companhias listadas.

Em análise da adequação das empresas estatais sauditas às diretrizes de governança corporativa estabelecidas pela OCDE, a embaixada norte-americana informa não ter ciência de que empresas estatais exerçam poderes governamentais por meio de delegação. Pontua que, por mais que empresas estatais sejam fortemente subsidiadas, empresas privadas atuando em setores estratégicos também o são, mas que o governo anunciou em 2015 planos de acabar com os subsídios de forma generalizada, no prazo de cinco anos. Afirma também que empresas estatais não possuem controles orçamentários rígidos e que a regularidade da divulgação de informações financeiras é variável e não adequada às melhores práticas internacionais. Por fim, sugere que as cortes domésticas sejam mais inclinadas a resolver disputas judiciais em favor de empresas estatais, apesar de haver casos de decisões favoráveis ao setor privado em disputas contra entidades governamentais.[307]

Conflito de interesses. A nova Lei de Sociedades elucida que membros do conselho não podem ter interesse direto ou indireto em transações ou contratos firmados pela companhia, exceto no caso de haver autorização prévia da assembleia geral ordinária. Havendo conflito de interesses, o membro do conselho não pode votar na reunião do conselho ou na assembleia geral quando a matéria for deliberada. Na hipótese de o conselheiro não cumprir seu dever de divulgação do conflito, a companhia ou qualquer *stakeholder* pode provocar a autoridade judicial competente para invalidar o contrato ou para obrigar o membro a devolver os lucros ou benefícios obtidos.[308]

[307] U.S. COMMERCIAL SERVICE. *Doing Business in Saudi Arabia 2017 Country Commercial Guide for U.S. Companies.* U.S. & Foreign Commercial Service and U.S. Department of State. 2016. p. 55-56.

[308] Nos termos da Lei de Sociedades: "A board member may not have any direct or indirect interest in transactions or contracts made for the company, except with a prior authorization from the ordinary general assembly. Such authorization shall be renewed annually. The board member shall notify the board of directors of any direct or indirect interest he may have in the transactions or contracts made for the company. Such notification shall be recorded in the minutes of the board meeting. Said member may not participate in voting on the resolution to be issued on this matter by the board of directors and the assembly of shareholders. The chairman of the board shall inform the general assembly, when it convenes, of transactions and contracts in which a board member has a direct or indirect interest, providing a special report from the company's external auditor. – If a board member fails to disclose his interest as provided for in paragraph 1 of this Article, the company or any stakeholder may petition the

A lei não traz regras sobre restrições e possibilidades de um acionista votar em conflito.[309]

O Código de Governança da CMA é mais abrangente e dispõe que o conselho deve possuir e dar publicidade a uma política para lidar com conflitos de interesse, presentes e potenciais, que possam afetar a performance do conselho, dos diretores ou de empregados, quando negociam com a companhia ou algum de seus *stakeholders*. Entre os itens obrigatórios da política, estão:[310]

a) informar membros do conselho, principais acionistas, administradores seniores e outros empregados da importância de evitar situações de conflito e de lidar com elas em conformidade com a lei e regulamentos;
b) ter procedimentos claros para relatar conflitos de interesse e obter autorização ou aprovação, anteriormente ao início das atividades que possam levar ao conflito de interesses;
c) divulgar situações que possam levar a conflitos de interesses ou tão logo se concretizem;
d) obrigar a parte interessada a se abster de votar ou de tomar parte em deliberações quando houver conflito de interesse;
e) ter procedimentos claros para quando a companhia contratar ou entrar em transações com partes relacionadas, o que deve incluir notificação à CMA e ao público do contrato ou da transação que exceder o valor de 1% da receita total da companhia auferida no último relatório financeiro auditado;
f) formular procedimentos a serem adotados pelo conselho quando se verificar a violação da política.

No âmbito das companhias, a Sabic *dá publicidade para sua política de conflitos de interesse. A empresa inclui "acionistas relevantes" (substantial shareholders)* no rol de partes relacionadas, determina que o conselho deve

competent judicial authority to invalidate the contract or obligate the member to return any profit or benefit realized therefrom".

309 CLIFFORD CHANCE (2015).

310 CAPITAL MARKET AUTHORITY. *Corporate Governance Regulations*. 2017. Disponível em: https://cma.org.sa/en/RulesRegulations/Regulations/Documents/CGRegulations_en.pdf. Acesso em: 19 mar. 2018.

ser notificado por escrito de situações que configurem conflito de interesses ou que comprometam a imparcialidade da parte.[311] A NCB, em seu relatório anual, afirma que o balanço de transações com partes relacionadas inclui o balanço resultante de transações com acionistas governamentais e que as transações com o governo são conduzidas a preço de mercado.[312]

311 SABIC. Conflicts of Interest Policy. 2018. Disponível em https://www.sabic.com/assets/en/Images/Conflict%20of%20Interest%20Policy%20Eng%20%2008-05-2019_tcm1010-12435.pdf. Acesso em: 23 ago. 2020.

312 "In the ordinary course of its activities, the Bank transacts business with related parties. In the opinion of the management and the Board, the related party transactions are performed on an arm's length basis. The related party transactions are governed by the limits set by the Banking Control Law and the regulations issued by SAMA. Related party balances include the balances resulting from transactions with Governmental shareholders. All other Government transactions are entered/conducted also at market rates." The National Commercial Bank Annual Report 2016. p. 26.

Capítulo 3
Comparação das Narrativas Internacionais com a Experiência Brasileira: É Possível Extrair Lições?

1. Experiências internacionais e as onze chaves de análise: expandindo o quadro comparativo

Nas quatro jurisdições analisadas, a relevância político-econômica das empresas estatais listadas é considerável, mas possui nuances distintas. Ainda que a relação das empresas estatais listadas com o Estado não revele sinais de conflitos profundos, na Nova Zelândia o subdesenvolvimento do mercado de capitais local faz com que elas adquiram especial proeminência. Na Índia, a participação no mercado de capitais local das empresas estatais é considerável e sua quantidade é superada apenas pela China, país aberto ao capitalismo apenas recentemente. Por mais que, em tese, a Índia transpareça possuir um aparato jurídico e institucional forte,[1] na prática a separação entre as estatais e o Estado ainda apresenta falhas que potencializam o risco aos direitos de acionistas minoritários e que podem reduzir sua atratividade a investidores. Atualmente, a Argentina possui apenas uma empresa estatal listada, a YPF S.A., mas seu porte e sua

[1] Em documento elaborado para bolsa NSE, Umakanth Varottil lista entre os problemas enfrentados por CPSE na Índia: "Robust governance norms, but lack of proper implementation. high level of non-compliance by SOEs with provisions of Clause 49 compared with the private sector". Ver VAROTTIL (2015).

relevância doméstica e internacional são suficientes para garantir um relacionamento delicado entre a companhia e o Estado, sendo prova disso sua abrupta reestatização em 2012. Por seu turno, na Arábia Saudita a participação do Estado na vida econômica é elevada e o PIF possui participação massiva em empresas listadas e detém participação majoritária em empresas estatais de relevada importância para o país, em especial nos setores elétrico, de mineração e bancário.

No tocante ao aparato normativo em que submetidas, nas quatro jurisdições analisadas, em regra, as empresas estatais listadas estão sujeitas ao mesmo regime legal das demais companhias listadas, e o Estado acionista, como regra, não goza de direitos de governança especiais.

No entanto, excepcionalmente, alguns desvios do regime geral societário se fazem presentes na Nova Zelândia e na Argentina. Na Nova Zelândia, esse direito talvez possa ser considerado residual, uma vez que se encontra apenas na Air New Zeland, sob a forma de uma *golden share*, resquício da privatização fracassada da companhia na década de 1990. Nas desestatizações recentes, o país não conferiu para si direitos especiais, para além daqueles detidos por qualquer outro acionista controlador privado.

Inconsistência semelhante é verificada na Argentina: a *golden share* é resquício da privatização da YPF operada nos anos 1990 e permanece ainda que o Estado detenha maioria do capital votante da companhia. A companhia possui enquadramento jurídico *sui generis*: apesar de, em tese, poder ser enquadrada nas regras de "sociedades anónimas con participación estatal mayoritaria" (SAPEM), a lei que promoveu sua expropriação, em 2012, determina que a companhia se guie exclusivamente pelo regime societário argentino, não estando submetida às regras existentes para companhias nas quais o Estado detém participação societária.[2]

[2] Ley 26.741: "Artículo 15. Para el desarrollo de su actividad, YPF Sociedad Anónima y Repsol YPF Gas S.A. continuarán operando como sociedades anónimas abiertas, en los términos del Capítulo II, Sección V, de la Ley Nº 19.550 y normas concordantes, no siéndoles aplicables legislación o normativa administrativa alguna que reglamente la administración, gestión y control de las Empresas o entidades en las que el Estado Nacional o los estados provinciales tengan participación. Artículo 16. La gestión de los derechos accionarios correspondientes a las acciones sujetas a expropiación, por parte del Estado nacional y las provincias, se efectuará con arreglo a los siguientes principios: a. La contribución estratégica de YPF Sociedad Anónima al cumplimiento de los objetivos de la presente. b. La administración de YPF Sociedad Anónima conforme a las mejores prácticas de la industria y del gobierno corporativo, preservando los intereses de sus accionistas y generando valor para ellos. c. El gerenciamiento de YPF S.A. a través de una gestión profesionalizada".

Na Arábia Saudita, as empresas estatais listadas são, em regra, comercialmente guiadas, mas podem se afastar de dispositivos da Lei de Companhias mediante autorização específica do Conselho de Ministérios. As empresas estatais listadas sauditas objeto de análise no estudo do caso não divergem do regramento societário geral.

Países como França e Brasil divergem do sistema "uma ação um voto", e uma das estratégias utilizadas no Brasil para reforçar o papel de acionista controlador do Estado ocorre via emissão de ações preferenciais sem direito de voto por empresas estatais. Surpreendentemente, situação inversa foi verificada no Banco Hipotecário da Argentina.[3] No processo de desestatização, ainda que a maioria do capital social permaneça de propriedade do Estado, o direito de voto conferido às ações de investidores privados (ações Classe D) foi amplificado (3 votos para cada ação). Como resultado, 53,12% do capital social está nas mãos do Estado – diretamente ou via Banco de la Nación Argentina –, mas o direito de voto do Estado restringe-se a 27,42% do total.[4] Nas empresas estatais listadas objeto deste livro, não foram identificadas emissões de ações que não as ordinárias.[5] No entanto, os estatutos sociais da YPF argentina e de empresas estatais sauditas autorizam a emissão de ações preferenciais.

Um dos principais pontos de discrepância entre os países analisados está no modo e conteúdo da divulgação, por parte do Estado, da sua política de exercício do papel de acionista. Em atitude inusitada, o governo neozelandês, em 2014, divulgou no *site* do Tesouro carta aberta aos conselheiros das empresas estatais listadas, na qual se compromete a "não usar sua posição de acionista majoritário com o objetivo de influenciar as companhias a tomar decisões não comercialmente orientadas". Importante notar que esse compromisso não consta dos prospectos da oferta de ações das companhias desestatizadas ou de qualquer norma expedida pelo Estado neozelandês, o que pode levar a questionamentos do quão

[3] Faz-se essa observação apenas a título de curiosidade, dado que o Banco Hipotecário não se inclui na categoria empresa estatal listada, uma vez que o Estado não é acionista controlador.

[4] Informação disponível no *site* da companhia (home > inversores > acionistas). Disponível em: https://www.hipotecario.com.ar/. Acesso em: 5 fev. 2018.

[5] Na Índia, o instituto das ações preferenciais não é disseminado. Estudo de 2011 aponta que, das 1.574 companhias listadas na NSE, apenas três adotavam estruturas "dual class" (ver JADHAV, A. *Dual Class Shares – Is India Ready for it?* National Stock Exchange of India Ltd., India, 2011).

firme é esse compromisso e em que medida ele seria mantido na hipótese de mudança da matriz ideológica do governo.

Em sentido oposto, o estatuto social da Coal India determina que um dos objetivos da companhia é ser instrumento de política pública do governo central, e, entre as competências do conselheiro, está a de eventualmente seguir diretrizes expedidas pelo governo indiano.[6] Para além de previsões esparsas em estatutos sociais, o governo indiano aparenta não possuir, na prática, uma política unificada de propriedade acionária.

Na Argentina, inexiste uma política de propriedade estatal consolidada. Um esforço recente nesse sentido pode ter sido a criação, em outubro de 2016, do grupo de trabalho "Consejo de Supervisión Estratégica", que conta com os Ministros de Transporte, Energia, Produção, Fazenda, Modernização, Comunicações e Defesa. Uma das justificativas para a instalação do grupo foi justamente a percepção de que o novo governo encontrou "empresas públicas mal administradas, sem coordenação ou estratégia comercial, com enormes déficits e que não cumpriam seu compromisso com a sociedade".[7] O fim da era Kirchner e a chegada de Macri ao poder prometiam alterar o modo como o Estado lida com empresas estatais como um todo. Na "Carta de Jefatura – Empresas públicas para el crescimiento"[8] (documento do Executivo enviado aos outros Poderes e divulgado publicamente em abril de 2017), o foco da gestão Macri teria quatro frentes: 1) melhoria da gestão, com redução máxima das transferências do Tesouro; 2) aumento dos lucros e melhoria da qualidade dos serviços; 3) centralização da supervisão e das estratégias para as empresas; 4) início de processo de maior transparência e governança corporativa para aumentar eficácia

[6] "30. To act as an instrument of the policy of the Central Government subject to such directives as may be issued by the President from time to time, with a view to exercising control over strategic areas of economy" e "Specific Powers Given to Directors – Article 47, rr. To exercise the powers as per guidelines/orders issued by the Government from time to time" (p. 46). Disponível em: https://www.coalindia.in/DesktopModules/DocumentList/documents/Memorandum_and_Articles_of_Association_of_Coal_India_Limited%20_21012015.pdf. Acesso em: 5 fev. 2018.

[7] Jefatura de Gabinete de Ministros. Carta de Jefatura – Empresas públicas para el crescimento. Presidencia de la Nación. Abril de 2017. Disponível em: https://static.casarosada.gob.ar/mailing/CartaJG_02.pdf?_ga=2.248403783.1152561831.1517861831-1773717784.1517861831. Acesso em: 5 fev. 2018.

[8] Jefatura de Gabinete de Ministros. Carta de Jefatura – Empresas públicas para el crescimento. Presidencia de la Nación. Abril de 2017. Disponível em: https://static.casarosada.gob.ar/mailing/CartaJG_02.pdf?_ga=2.248403783.1152561831.1517861831-1773717784.1517861831. Acesso em: 5 fev. 2018.

e prevenir corrupção. No entanto, o documento não mencionava a listagem de empresas estatais ou a privatização de empresas estatais como estratégia a ser perseguida. A mais recente empreitada no sentido de uniformizar normas de governança corporativa para empresas estatais se deu por meio da divulgação das Linhas de Governança para Empresas Estatais, em fevereiro de 2018. O documento, elaborado em conjunto com a OCDE, possui caráter principiológico.[9] A alteração no viés ideológico no governo argentino, depois das eleições de 2019, não permite entrever os caminhos a serem seguidos ou abandonados pelo atual Chefe do Executivo, no que toca *à* política de propriedade estatal.

Na Arábia Saudita, a reformulação do papel e do perfil do PIF sugere a possibilidade de que a política de propriedade estatal possa também ser reformulada. Os prospectos de oferta da Aramco, do Banco NCB e da Saudi Electricity Company alertam para os riscos e as vantagens de se ter o Estado como acionista controlador da companhia. Os prospectos das companhias petrolífica *e elétrica indicam também a possibilidade de que eventualmente o Estado acionista controlador imponha à companhia a persecução de objetivos sociais, em detrimento dos interesses* dos acionistas privados. Ainda que esses documentos apenas listem riscos potenciais, levanta dúvidas quanto à efetiva imunidade política das empresas estatais listadas sauditas o fato de a maioria dos conselhos de administração ter se voluntariado para integrar os esforços de consolidação do projeto Visão Saudita 2030, gerido pelo Príncipe MSB, herdeiro do trono e presidente do PIF, fundo que centraliza o exercício do papel de acionista controlador do Estado saudita.

A estruturação dos conselhos de administração nas jurisdições analisadas apresenta pontos de convergência e de divergência. Apenas na Nova Zelândia há expressa previsão normativa banindo políticos e servidores públicos de tomarem assentos nos conselhos de empresas estatais. Nos demais países, verificou-se a presença de servidores, agentes políticos (Índia, Argentina e Arábia Saudita) ou, no caso da Arábia Saudita, membros da família real nos conselhos. Na Arábia Saudita, em regra, favorece-se a escolha de profissionais qualificados nos conselhos; a longa presença do Príncipe Saud como presidente do conselho da Sabic e a presença de membro da família real no conselho da Ma'aden em 2008 não permitem

[9] PRESIDENCIA DE LA NACIÓN. Lineamento de Buen Gobierno para Empresas de Participación Estatal Mayoritária de Argentina. Febrero de 2018.

afirmar de forma categórica que essa seja uma prática rotineira nas empresas públicas sauditas.

No tocante à remuneração dos administradores, a Nova Zelândia expressamente decidiu pela não estipulação de controles sobre as remunerações de administradores (a assembleia de acionistas é responsável pela fixação da remuneração dos conselheiros), a despeito de pressão pública para que o fizesse e da existência de regras bem delimitadas de remuneração dos conselheiros de empresas estatais não listadas. Na Índia, regras gerais são editadas pelo Departamento de Empresas Estatais, entre elas recomendações sobre o teto de remuneração (variável de acordo com o porte da companhia) e adoção de parcela variável atrelada preferencialmente a ações da companhia. Na Argentina, o considerável aumento pós-reestatização dos salários dos conselheiros e administradores da YPF, parte dos quais nutria laços próximos com o governo, foi objeto de críticas pela mídia.[10] Os administradores não executivos da YPF têm remuneração delimitada anualmente pela AGO, enquanto os executivos têm remuneração fixada pelo próprio conselho, em reunião na qual os interessados não têm direito de participação. Na Nova Zelândia, a Lei de Companhias fixa o teto de remuneração para conselheiros, e as companhias listadas têm o dever de divulgar o formato e valor de seus salários.

O exercício da propriedade acionária em empresas estatais apresenta variabilidade entre as jurisdições. Índia[11] e Argentina seguem um modelo descentralizado (ainda que haja iniciativas em curso com o objetivo de promover uma maior coordenação entre entidades estatais na Argentina), Nova Zelândia possui modelo dual (existe cristalino compartilhamento de competências entre Tesouro e ministério setorial)[12] e Arábia Saudita adota um modelo centralizado, por meio do PIF.

Ainda que a OCDE defenda o modelo de exercício centralizado da propriedade estatal, é possível haver distanciamento, na prática, entre forma e substância, a exemplo das experiências da Temasek cingapuriana e da SASAC chinesa. No caso da Arábia Saudita, a *holding* PIF, longe de favorecer um maior insulamento político entre Estado e empresas

[10] BLANCO, P. F. YPF subió 31% en US$ los sueldos a ejecutivos. *La Nación*, 15 maio 2015.

[11] "In the beginning, it was good to set up enterprises under the various ministries. However, this led to fragmentation of control and impeded autonomy. Many other countries have brought all the SOEs under the umbrella of one ministry" (MISHRA, 2014, p. 58).

[12] ACEVEDO SÁNCHEZ (2016).

estatais, reforça o controle estatal sobre elas. O conselho do fundo é composto por diversos ministros de Estado e, com a mudança estratégica da direção da *holding*, em 2015, o Príncipe MBS, herdeiro da coroa, tornou-se presidente do conselho; e o fundo, instrumento de concretização do plano Visão Saudita 2030. Desde 2015, o PIF está sob supervisão do Conselho de Assuntos Econômicos e Desenvolvimento (CEDA), também presidido pelo Príncipe MBS.[13]

O único país a possuir companhias listadas também em bolsas norte-americanas é a Argentina, graças à listagem em 1993 da YPF na NYSE. Ainda que haja estudos indicando que a dupla listagem representa um compromisso mais sério do Estado com investidores e acionistas privados ou tenha a aptidão de induzir melhor governança em empresas estatais, o fato de ser listada também em Nova Iorque não foi óbice à expropriação operada na YPF. Ainda que em 2012 a companhia tenha deixado de cumprir os requisitos de governança exigidos pela NYSE e tenha sido notificada dessa falta, a ameaça de deslistagem não foi cumprida. Tão logo um novo conselho foi eleito e um comitê independente de auditoria instalado, a NYSE retirou o rótulo de "below compliance" das ações da YPF.[14]

A saudita Aramco, apesar de ter optado pela listagem doméstica, ainda suscita rumores de uma futura listagem internacional (Nova Iorque ou Londres). A abertura de capital recente não permite afirmar categoricamente o impacto da Aramco em face do mercado acionário saudita, mas sobram indícios de que o Estado tenha se valido de diversos aparatos para garantir que a população e investidores locais absorvessem a oferta de ações. É possível que futuras emissões da Aramco talvez demandem acesso a um mercado mais amplo, com garantia de melhor governança, de modo a atrair investidores não submetidos à persuasão política do Príncipe MBS. Ressalte-se que o próprio regulador do mercado de capitais saudita, CMA, aponta o impacto da listagem da STC como uma das causas do *crash* da Tadawul de 2006.[15] Ainda que a Tadawul seja a maior bolsa em volume transacionado do mundo árabe e possua regras bem definidas

[13] McDOWALL, A. Exclusive: Saudi reform plan approved by top economic council. *Reuters*, 5 jun. 2016.

[14] TURNER, T. Argentina's YPF says it's meeting NYSE rules. *Market Watch*, 29 jun. 2012.

[15] LERNER, J.; LEAMON, A. & DEW, S. *The CMA and the Saudi Stock Market Crash of 2006*. Bella Research Group and Capital Market Authority. 2017. Disponível em: https://cma.org.sa/en/Market/Documents/CMA_Crash2006_en.pdf. Acesso em: 25 mar. 2018.

de governança e supervisão,[16] diversas dúvidas são levantadas quanto ao seu fôlego e capacidade de lidar sozinha com a Aramco. As discussões sobre afrouxamento das regras de listagem londrina para abrigar ofertas de ações de empresas controladas por fundos soberanos[17] representam um interessante indício de que, em vez de sujeitar empresas estatais a regras mais rígidas de governança, a listagem internacional teria a capacidade de exportar más práticas de governança domésticas.

Nesta obra, identificou-se a existência de princípios não vinculantes de governança corporativa específicos para empresas estatais na Argentina, na Nova Zelândia e na Índia. Na Argentina, o Código de Governança Corporativa para Estatais, elaborado com o apoio da OCDE e baseado no preceito de *comply or explain*, prescinde de uma política de atuação do Estado como acionista predefinida.[18] Na Nova Zelândia, o *Owner's Expectation Manual* (OEM) traz regras de governança corporativa para as estatais, e foi editado com o objetivo de assistir os conselhos de administração de tais empresas a operar de forma efetiva e esclarecer a responsabilidade de Ministérios, empresas e seus administradores.[19] Já na Índia, o *Corporate Governance Code for CPSE*, editado pelo Departamento de Empresas Estatais, é de adoção obrigatória desde 2010, mas não se aplica às empresas estatais listadas em caso de atrito com as normas emitidas pelo regulador do mercado de capitais, Sebi. Na Arábia Saudita, o Código de Governança Corporativa é editado pelo próprio regulador do mercado de capitais, a CMA, e possui normas de adoção obrigatória e outras que vigem sob a lógica *comply or explain*, e deve ser adotado por todas as companhias listadas, incluindo as empresas estatais.

[16] "In fact, Saudi Arabia's corporate governance rules, last revamped in February 2017, are among the strictest and most rigorously enforced in the Middle East and North Africa region. Unlike other regulators in the region, Saudi Arabia's Capital Market Authority issues and discloses its enforcement actions, which have recently included criminal sanctions. The CMA's approach is exceptional in the Gulf region, because it takes the same approach to SOEs and private firms. [...] Although the Saudi Stock Exchange, Tadawul, is by far the largest in the Middle East, it is neither large nor open enough to handle the listing of Saudi Aramco, valued by the authorities at $2tn. [...] But the truth is that Saudi governance standards are more rigorous than those that would be imposed on Saudi Aramco by an international exchange." AMICO, A. For Saudi Aramco, good governance must begin at home. *Financial News*, 7 abr. 2017.

[17] BCC BUSINESS. Rules "should not be watered down" for Aramco listing. *BBC News*, 2 ago. 2017.

[18] OECD. *Implementing the OECD Guidelines on Corporate Governance of State-Owned Enterprises*: Review of Recent Developments. Paris: OECD Publishing, 2020. p. 16.

[19] NEW ZEALAND TREASURY (2012). Ver também OECD (2020).

Quadro 1 – Resumo: Governança corporativa em empresas estatais listadas

	Nova Zelândia	Índia	Argentina	Arábia Saudita
1. Relevância político--econômica das empresas estatais para o país	Média	Alta	Alta	Alta
2. Empresas estatais listadas sujeitas às leis gerais de companhias e do mercado de capitais	Sim	Sim	Sim	Sim, mas podem se desviar com autorização do Conselho de Ministérios
3. Existência de princípios não vinculativos de governança corporativa para empresas estatais	Sim	Sim	Sim	Não
4. Existência de regime de listagem especial para empresas estatais	Não	Não	Não	Não
5. Existência de direitos de governança especiais para o Estado acionista	Em regra, não (mas há *golden share* resquicial em uma companhia)	Não	Em regra, não (mas há *golden share* resquicial na YPF)	Não
6. Utilização de direitos de voto diferenciados em empresas estatais listadas	Sim	Não	Sim	Não
7. Divulgação pública da política de propriedade estatal	Sim	Não	Não	Sim
8. Restrição à participação de políticos ou representantes do governo em conselhos de administração de empresas estatais	Sim	Não	Não	Não
9. Regras especiais de remuneração para administradores de empresas estatais	Não	Sim	Não	Não
10. Propriedade centralizada de participação acionária em empresas estatais	Não	Não	Não	Sim
11. Existência de uma *holding* estatal para empresas estatais	Não	Não	Não	Sim
12. Listagem internacional de empresas estatais	Não	Não	Sim	Não

Fonte: Elaboração da autora.

Ainda que não tenham sido identificados regimes de listagem especiais para empresas estatais nas jurisdições analisadas, uma das 22 bolsas indianas, a *Bombay Stock Exchange* (BSE), possui um índice específico para comparar o desempenho de empresas estatais nela listadas, o BSE PSU

Index, e um *site* com informações detalhadas sobre ofertas públicas de ações de empresas estatais, legislação aplicável, guia para OPA e artigos acadêmicos. Ainda que não constitua um regime diferenciado, o esforço da bolsa indiana demonstra ao menos uma tentativa – não visto na bolsa dos demais países – de aprimorar a transparência sobre ofertas de ações, negociações, desempenho e participação do Estado nas empresas estatais listadas na BSE. O Quadro 1, apresenta um resumo da governança corporativa em empresas estatais listadas.

2. Evoluções recentes sobre governança de empresas estatais listadas no Brasil

A aprovação da Lei n. 13.303/2016, que traz normas de governança corporativa e de contratação para empresas estatais, pegou o mundo jurídico de surpresa.[20] Ainda que o mandamento constitucional exigindo sua edição estivesse vigente há mais de dezoito anos,[21] aberta a janela de oportunidade política de discutir o tema, em menos de um ano, a proposição, que havia sido apresentada como resposta do Legislativo aos escândalos de corrupção envolvendo empresas estatais, foi transformada em lei.

Mesmo o momento político escolhido para dar início às discussões e ao trâmite legislativo do projeto de lei da responsabilidade das estatais foi marcado por uma grande simbologia. Em atitude inédita,[22] em 1º de junho de 2015, presidentes da Câmara e do Senado se reuniram em cerimônia solene e anunciaram que as duas Casas criariam uma Comissão Mista voltada à redação de uma proposição que trouxesse regras de "qualificação e transparência para as estatais",[23] em um raro e derradeiro momento de

[20] No Congresso brasileiro, apenas 1 a cada 284 propostas legislativas se torna lei e, entre 1990 e 2019, o tempo médio estimado para a aprovação de uma proposição foi de 1.263 dias. MARCELINO, Daniel. Congresso: tempo de tramitação cai de mais de mil dias para apenas 15 dias. *Jota*, 25 mai. 2020. Disponível em: https://www.jota.info/legislativo/congresso-tramitacao-aprovometro-25052020. Acesso em 23 ago. 2020.

[21] A exigência constitucional da edição da lei foi inserida na Constituição Federal por meio da Emenda Constitucional n. 19, de 1998.

[22] Inexiste registro histórico de outra Comissão Mista para elaboração de projeto de lei na história do Congresso brasileiro.

[23] Termos utilizados pelo presidente da Câmara dos Deputados, Sr. Eduardo Cunha, segundo reportagem publicada pela *Agência Senado*. MENDANHA, S. Nova Lei de Responsabilidade acabará com o mundo paralelo das estatais, diz Renan. *Agência Senado*, 1º jun. 2015. Disponível em: http://www12.senado.leg.br/noticias/materias/2015/06/01/nova-lei-de-responsabilidade-acabara-com-mundo-paralelo-das-estatais-diz-renan. Acesso em: 24 jun. 2016.

alinhamento político entre os então presidentes das Casas do Congresso, Srs. Renan Calheiros e Eduardo Cunha.

Um dos motivos de surpresa com a aprovação e sanção dessa lei está no fato de a política brasileira ser marcada por um presidencialismo de coalizão, no qual também conselhos de empresas estatais eram recorrentemente utilizados no jogo político de trocas de cargos por alianças estratégicas, com o objetivo de assegurar a governabilidade.[24]

Vista sob esse prisma, a sanção da Lei n. 13.303/2016, que veda a indicação de pessoas com fortes vínculos políticos e sem qualificação acadêmica e profissional, seria uma autolimitação por parte do Chefe do Executivo, porque o privaria de algumas "cartas no baralho" no balcão de negociação política. A aprovação da lei poderia também refletir um desejo de distanciamento entre governo e empresas estatais, em face do elevado desgaste político gerado pela descoberta da intrincada rede de corrupção incrustada na Petrobras e pelas suspeitas de que outras estatais teriam abrigado esquema semelhante.[25]

Por outro lado, iniciativas legais de melhoria da governança corporativa de estatais podem ser vistas como uma sinalização de um futuro novo ímpeto privatizante.[26] De fato, o fortalecimento do ambiente de gover-

[24] BOAS, B. V. Dança das cadeiras nas estatais. *O Globo*, 14 nov. 2010. Disponível em: https://oglobo.globo.com/economia/danca-das-cadeiras-nas-estatais-2926155. Acesso em: 6 mar. 2017.

[25] Milhaupt e Pargendler (2017, p. 20) relatam que desde 1962, após o caso "Kings Bay", adotou-se, na Noruega, a prática de não indicação de políticos para assentos em conselhos de administração. O intuito principal, por trás da iniciativa, foi justamente evitar desgastes políticos gerados pela má gestão das estatais.

[26] Esse ponto foi levantado em manifestações de líderes da oposição quando da apreciação do projeto de lei nos Plenários da Câmara dos Deputados e Senado Federal que afirmaram que o projeto de lei de responsabilidade das estatais era nada além que parte de um plano entreguista do governo Temer. No mesmo sentido, a proposição enfrentou forte aversão por setores da sociedade civil ligados a centrais de trabalhadores, que, em *sites* e redes sociais, reagiram à proposição com o lema "não à privatização". Entre as instituições que apoiaram a mobilização, encontram-se Central Única dos Trabalhadores (CUT), União Geral dos Trabalhadores, Federação Nacional dos Portuários, Federação Única dos Petroleiros (a lista dos apoiadores do movimento está disponível em http://www.comiteempresaspublicas.com.br/portal/comite-empresas-publicas/. Acesso em: 2 mar. 2017). O *site* www.naoaopls555.com.br foi sucessivamente renomeado para www.naoaopl4918.com.br e www.comiteempresaspublicas.com.br e se autodefine nos seguintes termos: "O Comitê Nacional em Defesa das Empresas Públicas surgiu na luta contra o Projeto de Lei do Senado 555, o chamado Estatuto das Estatais ou Lei de Responsabilidade das Estatais. "Uma grande mobilização reunindo entidades dos movimentos sindical e social conseguiu tirar do texto do projeto sua essência privatista, que ameaçava empresas públicas em todas as instâncias. O PLS 555, tornado PL 4.918 na Câmara, retornou e foi

nança corporativa de estatais pode ser interpretado como tática para elevar o preço a ser obtido pelo Estado no caso de privatização da companhia – estratégia que teria sido utilizada pelo governo alemão no processo de privatização da Deustche Telekom.[27]

Reforçariam a tese da privatização os anúncios pelos governos Temer e Bolsonaro, em 2017 e 2019, respectivamente, de novas levas de privatizações no país.[28] O pacote de privatizações do governo Temer contava com 57 empresas e projetos, o mais ambicioso deles ligado ao setor de geração, transmissão e distribuição de energia elétrica, por meio da venda do controle da Eletrobras.[29] Tais planos não saíram do papel, ofuscados pelo déficit de governabilidade do fim do governo e pelo conturbado período de eleições.

Semelhantemente, a agenda de privatizações do governo Bolsonaro, que caminhou lentamente no seu primeiro ano como Chefe do Executivo, parece ter sido vítima – ao menos no futuro próximo – da pandemia de Covid-19.[30] O resfriamento de políticas de promoção de um Estado mínimo não é peculiaridade brasileira, dado que, em escala global, boa parte das economias foi afetada pelos esforços de combate aos efeitos deletérios da pandemia, os quais exigiram redirecionamento de recursos públicos para enfrentamento da calamidade pública, e consequente aumento da capacidade e da intervenção estatal.

Ainda que interpretações sobre os motivos que levaram à aprovação da Lei n. 13.303/2016 e a eventual relação da lei com reiterados ímpetos

aprovado pelo Senado, sendo então sancionado em 30 de junho de 2016. Dessa luta, que prossegue, já que há ainda questões a contestar e outros projetos ameaçadores aos trabalhadores brasileiros (como os do Pré-Sal, Fundos de Pensão etc.), nasceu também a campanha 'Se é Público, é para todos', lançada em 6 de junho de 2016 na Fundição Progresso, no Rio de Janeiro". Disponível em: http://www.comiteempresaspublicas.com.br/portal/comite-empresas-publicas/. Acesso em: 2 mar. 2017.

27 PARGENDLER (2012b, p. 2953).

28 RITTNER, D.; PUPO, F. & BITENCOURT, R. Governo prevê R$ 44 bi de investimentos com privatizações e concessões. *Valor Econômico*, 23 ago. 2017.

29 MAIA, C. *et al.* Projeto de lei de privatização da Eletrobras é enviado ao Congresso. *Valor Econômico*, 22 jan. 2018.

30 LIS, L. Governo diz não ver clima para vender ativos, e privatização da Eletrobras é adiada para 2021. *G1 Globo*, 22 abr. 2020. Disponível em: https://g1.globo.com/politica/noticia/2020/04/22/governo-diz-nao-ver-clima-para-vender-ativos-e-privatizacao-da-eletrobras-e-adiada-para-2021.ghtml. Acesso em: 28 abr. 2020. Em agosto de 2020, foi apresentada a medida provisória que permite a reorganização societária da Caixa Econômica Federal, o que pode representar indícios de retomadas dos projetos de privatização do governo para o período pós pandemia.

privatizadores sejam conjecturas, o panorama em que se deram a tramitação e a aprovação da lei alerta para a complexidade do ambiente institucional em que inseridas as empresas estatais brasileiras, a multiplicidade de interesses contrapostos sobre sua função e existência.

Não surpreendentemente, após 2015, houve aumento do interesse pelo tema da governança corporativa em empresas estatais brasileiras.[31] Ao mesmo tempo em que o Congresso discutia os termos da futura lei, a B3 (então BM&FBovespa) se preparava para lançar o Programa Destaque em Governança de Estatais, de adesão voluntária, com o intuito de "contribuir para a restauração da relação de confiança entre investidores e estatais, [...] com o fim de colaborar para a redução de incertezas relativas à condução dos negócios à divulgação de informações, notadamente quanto à consecução do interesse público e seus limites, além do componente político inerente a essas empresas".[32]

Para a obtenção da certificação, as empresas estatais que aplicarem o programa devem, no momento da adesão, ou ter implementado todas as medidas de governança corporativa previstas, ou adotar todas as seis medidas obrigatórias, e obter, no mínimo, 48 pontos entre as demais medidas e firmar o compromisso de adoção integral das demais medidas no prazo de três anos, sob pena de perda da certificação.[33] Até agosto de 2020, das dezenove empresas estatais listadas, Banco do Brasil, Petrobras, Eletrobras, BB Seguridade e Copel solicitaram e receberam a certificação.[34]

Por seu turno, as novas responsabilidades no monitoramento das empresas estatais atribuídas ao Executivo levaram à reestruturação do Departamento de Estatais (DEST) do Ministério do Planejamento (MPOG), que adquiriu *status* de Secretaria (Secretaria de Estatais

[31] Em dezembro de 2015, o Instituto Brasileiro de Governança Corporativa lançou seu guia de "Boas Práticas de Governança Corporativa para Sociedades de Economia Mista", ano marcado na agenda do Instituto pela advocacia de melhores práticas de governança em estatais, conforme divulgado no Relatório Anual IBGC 2015).

[32] Informações disponíveis em: http://www.bmfbovespa.com.br/pt_br/listagem/acoes/governanca-de-estatais/. Acesso em: 2 mar. 2017.

[33] Detalhes sobre as medidas de adoção obrigatória e pontuação das voluntárias disponíveis em: http://www.bmfbovespa.com.br/pt_br/listagem/acoes/governanca-de-estatais/. Acesso em: 14 fev. 2018.

[34] Mais detalhes disponíveis no *site* da B3: http://www.b3.com.br/pt_br/b3/qualificacao-e-governanca/certificacoes/programa-estatais/. Acesso em: 28 abr. 2020.

[SEST]), e à edição do Decreto n. 8.945, de 27 de dezembro de 2016,[35] que regulamenta a lei. Com a reforma ministerial do governo Bolsonaro, a Secretaria foi transferida para o Ministério da Economia, mantidas suas competências.

Ainda que houvesse prazo legal de dois anos para que as disposições legais fossem adotadas (ou seja, até junho de 2018), também a SEST lançou em novembro de 2017 seu próprio índice de governança das estatais, o IG-SEST, com o objetivo de verificar o cumprimento das normas. De acordo com o MPOG, "a SEST realizará ciclos de avaliação do Indicador a cada três meses, aplicando metodologia composta pelas dimensões: gestão, controle e auditoria; transparência das informações; e conselhos, comitês e diretoria".[36] A partir das informações prestadas pela empresa, são aferidas notas de classificação (níveis 1 a 4, sendo 1 indicativo de melhor governança) e certificação da empresa estatal.

Como a SEST faz o acompanhamento contínuo da adoção das práticas de governança pelas empresas estatais, mas não possui o poder de punir não conformidades, para além do valor reputacional, o índice também poderia vir a ser instrumento de sinalização para Controladoria-Geral da União (CGU) e Tribunal de Contas da União (TCU) do cumprimento inadequado das regras da Lei n. 13.303/2016. A lei não prevê, no entanto, as penalidades cabíveis pela infração aos seus dispositivos e, por ser legislação fruto de iniciativa parlamentar, não declina a autoridade, no Poder Executivo, responsável pela sua aplicação.

Assim, por mais que, em tese, Acevedo Sánchez afirme que o país utiliza um modelo dual[37] de exercício da propriedade estatal, na prática o compartilhamento de responsabilidades entre SEST (MPOG), CGU, Ministério da Fazenda e ministérios setoriais aparenta carecer de maior definição. Diagnóstico semelhante foi emitido pela OCDE, em março de 2020, ao analisar a adesão pelo país aos Princípios de Governança Corporativa para Empresas Estatais emitidos pela organização em 2015.[38]

[35] Íntegra disponível em: http://www.planalto.gov.br/ccivil_03/_ato2015-2018/2016/decreto/D8945.htm.

[36] MPOG Notícias. Planejamento divulga indicador de governança das empresas estatais. *MPOG*, 10 nov. 2017.

[37] ACEVEDO SÁNCHEZ (2016).

[38] OECD (2020, p. 20-21).

As opiniões sobre a Lei n. 13.303/2016 têm sido controvertidas desde a tramitação do projeto de lei, tendo acadêmicos[39] e ativistas[40] opinado que o texto da lei pouco avança para além das previsões legais e regulatórias já existentes, especialmente no que diz respeito às sociedades de economia mista: o déficit de governança das empresas estatais se deveria à baixa implementação das lei vigentes, e não necessariamente ao vácuo normativo.

No curto período de vigência da lei, seus efeitos mais concretos se fizeram sentir no modo de indicação de conselheiros e na necessidade de maior distanciamento deles das atividades político-partidárias.[41] A regra, no entanto, tem sido de difícil assimilação por parte do corpo político do país, que tenta contornar seus ditames de forma a manter o loteamento político dos conselhos.[42] Ainda que os requisitos de não exercício de funções políticas sejam objetivamente aferíveis, os critérios de conhecimento técnico e de experiência profissional na área de atuação da companhia não o são (o que viabiliza que chefes de gabinetes de parlamentares ou servidores de lideranças de partidos políticos no Congresso tenham acesso ao cargo). Outra brecha utilizada para driblar as exigências legais está no quesito "ter experiência profissional de, no mínimo, quatro anos ocupando

39 FRAZÃO, A. O abuso de poder de controle na Lei das Estatais. *In*: FRAZÃO, A. *et al.* (org.). *Estatuto jurídico das estatais*: análise da Lei n. 13.303/2016. Belo Horizonte: Fórum, 2017. p. 107-138.

40 ALVES, J.; BRANDÃO, R. Entrevista com Emilio Carazzai: "Do jeito como está, Lei das Estatais piora governança", diz presidente do IBGC. *Estado de São Paulo*, 14 jun. 2016.

41 Nos termos do art. 17, § 2o, da Lei n. 13.303/2016: "É vedada a indicação, para o Conselho de Administração e para a diretoria: I – de representante do órgão regulador ao qual a empresa pública ou a sociedade de economia mista está sujeita, de Ministro de Estado, de Secretário de Estado, de Secretário Municipal, de titular de cargo, sem vínculo permanente com o serviço público, de natureza especial ou de direção e assessoramento superior na administração pública, de dirigente estatutário de partido político e de titular de mandato no Poder Legislativo de qualquer ente da federação, ainda que licenciados do cargo; II – de pessoa que atuou, nos últimos 36 (trinta e seis) meses, como participante de estrutura decisória de partido político ou em trabalho vinculado a organização, estruturação e realização de campanha eleitoral; III – de pessoa que exerça cargo em organização sindical; IV – de pessoa que tenha firmado contrato ou parceria, como fornecedor ou comprador, demandante ou ofertante, de bens ou serviços de qualquer natureza, com a pessoa político-administrativa controladora da empresa pública ou da sociedade de economia mista ou com a própria empresa ou sociedade em período inferior a 3 (três) anos antes da data de nomeação; V – de pessoa que tenha ou possa ter qualquer forma de conflito de interesse com a pessoa político-administrativa controladora da empresa pública ou da sociedade de economia mista ou com a própria empresa ou sociedade. § 3º A vedação prevista no inciso I do § 2º estende-se também aos parentes consanguíneos ou afins até o terceiro grau das pessoas nele mencionadas".

42 RITTNER, D. Lei não altera o loteamento político de estatais. *Valor Econômico*, 6 abr. 2017.

cargo em comissão ou função de confiança equivalente a DAS-4 ou superior, no setor público" (art. 17, I, b, 2), já que o termo "equivalente a DAS-4" tem sido livremente interpretado.[43] Já em março de 2018, houve tentativa de reverter legislativamente a regra, por meio da inserção, como matéria estranha ao texto ("jabuti"), da revogação do dispositivo em projeto de lei em trâmite avançado na Câmara dos Deputados.[44]

A falta de indicação clara da autoridade competente para fiscalizar indicações torna mais dificultoso o processo de acompanhamento delas. Para as empresas estatais listadas, a Comissão de Valores Mobiliários (CVM) tem sido provocada a se manifestar sobre o tópico, dada a maior facilidade de acionistas minoritários ou de associações de empregados para identificar e protestar contra nomeações contrárias à lei.[45] Em relação às demais empresas estatais, o próprio TCU reconheceu tanto a dificuldade de acompanhar as nomeações quanto a inexistência, até abril de 2017, de um levantamento para saber como elas foram feitas depois da aprovação da Lei n. 13.303/2016.[46]

Apesar dos avanços, o perfil de cidadãos elegíveis para a administração de empresas públicas não deixa de ser objeto de críticas. Em especial, a previsão de que empregados das empresas estatais não incorrem na vedação do art. 17 da Lei n. 13.303/2016, somada à reserva de assento para empregados, poderia gerar um desequilíbrio na composição de forças dentro dos conselhos de administração, com possível encastelamento de empregados públicos em cargos-chave das empresas estatais e potencial uso desse poder de gerência como moeda de troca para defesa de interesses corporativistas.[47] Levando ao extremo o argumento, no pior cenário, a lei

[43] RITTNER (2017).

[44] Congresso em Foco. "Jabuti" em projeto libera indicações políticas em estatais. 25 de março de 2018.

[45] TOLEDO, L. Apesar de lei, estatais sofrem para barrar indicações políticas. *Exame*, 19 abr. 2017.

[46] "O ministro do Tribunal de Contas da União, Augusto Nardes, reconhece a dificuldade. Ele diz que o órgão vai fiscalizar as nomeações, mas afirmou que ainda não foi feito um levantamento para saber como ocorreram as contratações e indicações após a aprovação da lei das estatais. 'Mesmo com a lei, a interferência política sempre vai acontecer porque as decisões na administração pública como um todo podem ser, ao mesmo tempo, técnicas e políticas. O que precisamos fazer é criar uma governança mais rígida, avaliando os diretores dessas empresas', diz Nardes" (TOLEDO, 2017).

[47] No grupo Eletrobras, por exemplo, entre junho de 2016 e abril de 2017, mais de 52 alterações foram feitas em conselhos e 58 em diretorias das dezessete empresas controladas (quase 70% das vagas existentes). De acordo com o presidente da estatal, boa parte das vagas foi preenchida por empregados de carreira. Ver: TOLEDO (2017).

simplesmente teria substituído o paradigma de conselho de administração político por um conselho de empregados, sem nenhuma garantia de que um modelo seja superior ao outro, e com o risco de que os interesses do acionista controlador sejam sub-representados.

Por mais que a vedação de políticos, reguladores e líderes sindicais represente um avanço no sentido de aumentar a insulação política da administração das empresas estatais brasileiras, a regra é tímida quando comparada à vigente na Nova Zelândia, onde nenhum político ou servidor público pode ocupar assento em conselhos de administração.[48] Outra regra que talvez reduzisse o apetite de servidores e empregados públicos pelo cargo seria a não remuneração desses agentes pelo exercício da função, como ocorre na França.[49]

Além disso, ponto relevante para pesquisa futura refere-se à adequação da remuneração pelo exercício do cargo de conselheiro,[50] ao risco político inerente à administração de uma empresa estatal,[51] à capacidade do Estado de atrair profissionais qualificados para exercer a tarefa e se a estrutura remuneratória favorece ou não o alinhamento dos interesses do administrador com os da companhia.

[48] OECD (2013a, p. 52).

[49] MILHAUPT e PARGENDLER (2017, p. 55).

[50] Pesquisa empírica feita em 2014 sobre os valores pagos a diretores de companhias listadas do setor de energia elétrica aponta que os salários pagos por companhias privadas são 46% maiores que os pagos por companhias de controle estatal: "Nas companhias de capital privado, a remuneração média dos executivos ficou em R$ 1.305,2 (milhares de reais) e a dos executivos de companhias de capital estatal em R$ 893,51 (milhares de reais), o que representa que as companhias de capital privado remuneram 46% a mais". TINOCO, P. P.; ROSSI, G. A. S.; PORTUGAL, G. T. Remuneração dos Executivos das Companhias Estatais e Privadas de Energia Elétrica com Maiores Ativos Listadas na BM&FBOVESPA. *Contabilidade, Gestão e Governança*, v. 18, n. 3, p. 155, 2015. Resultado semelhante foi verificado nas remunerações pagas a diretores de bancos públicos e de bancos privados. Ver FERNANDES, F. C.; SILVA, J. C. da. Remuneração dos executivos: análise dos quatro maiores bancos estatais e dos quatro maiores bancos privados listados na BM&FBOVESPA. *XXXVII Encontro da Anpad*, Rio de Janeiro, set. 2013.

[51] Conselheiros e diretores da Petrobras responsáveis pela análise da compra da refinaria de Pasadena são investigados pelo TCU por supostas irregularidades ocorridas no processo de deliberação e instrução do processo favorável à operação (ver: TCU decide apurar atos dos Conselhos de Administração e Fiscal da Petrobras. *O Estado de São Paulo*, 18 mar. 2015). Também tramitam perante a CVM processos administrativos contra membros do conselho da Petrobras por supostamente induzirem investidores a erro; um dos processos trata da adesão do conselho à política de congelamento de preços do combustível (ver: CVM investiga ex-conselheiros da Petrobras por indução de investidor a erro. *O Globo*, 6 maio 2015).

Ainda em relação à composição do conselho, pela primeira vez foi estabelecida em lei exigência legal da presença de membros independentes. Trata-se de prática já largamente disseminada nos demais países analisados: tanto Índia quanto Argentina, Nova Zelândia e Arábia Saudita apostam no modelo de reserva legal de assentos para membros independentes como sinalização de um compromisso de maior independência dos conselhos. Merece atenção, no entanto, o fato de que a eleição de requisitos prévios para verificar independência de conselheiros não garante independência no exercício do mandato, em especial quando o próprio acionista controlador é responsável pela indicação do conselheiro. Nesta obra, somente se identificou entre acadêmicos e regulador do mercado de capitais indianos uma maior problematização quanto à efetiva independência dos conselheiros independentes em face da indicação pelo Estado acionista controlador.[52]

A sugestão de Milhaupt e Pargendler de aumento na participação dos acionistas minoritários nos conselhos, apesar de ser uma medida relevante e com elevado potencial para melhoria da independência dos conselhos,[53] não foi cogitada quando da tramitação da Lei n. 13.303/2016, seja por falta de apelo político da medida, seja por falta de conhecimento técnico dos *stakeholders* envolvidos na elaboração da norma, ou mesmo porque a obsessão com a ideia de positivação da figura do conselheiro independente tenha ofuscado as discussões, a despeito de estudos empíricos que contestam a efetividade dessa figura.

Ainda que a possibilidade de reconsideração da matéria por parte do Congresso pareça remota, há alternativas de autorregulação ou de adoção voluntária por empresas estatais com capacidade de promover aumento da representação e proteção de minoritários. Cite-se, por exemplo, a criação, em outubro de 2016, pela Petrobras de um comitê de minoritários, composto por dois conselheiros eleitos pelos acionistas minoritários e um membro externo independente, que tem como atribuição analisar e emitir recomendações sobre transações com partes relacionadas envolvendo a Petrobras e a União, suas autarquias e fundações.[54] As atribuições do

[52] Ver PANDE e ANSARI (2013).

[53] MILHAUPT e PARGENDLER (2017, p. 55).

[54] PETROBRAS. Comunicados e fatos relevantes: Aprovação do Regimento Interno do Comitê de Minoritários. 24 jan. 2017. Disponível em: https://www.investidorpetrobras.com.br/resultados-e-comunicados/comunicados-ao-mercado/. Acesso em: 23 ago. 2020.

comitê de minoritários foi expandida ao fim de 2017 como parte do compromisso da companhia para adesão ao Nível 2 de governança corporativa da bolsa de valores, tendo sido acrescido às suas competências o dever de "examinar e opinar, em caráter consultivo e não vinculante, acerca das matérias em que os detentores das ações preferenciais teriam o direito de voto".[55]

Para além das inovações legislativas e regulatórias, a própria conformação do Estado acionista foi profundamente alterada, em um curto período, com mudanças da matriz ideológica do governo e impactos da crise econômica. A Eletrobras, empresa estatal responsável pela geração, transmissão e distribuição de energia elétrica, ilustra bem a assertiva. Em 2012, a companhia foi escolhida como um dos instrumentos para redução tarifária de energia elétrica dos consumidores brasileiros, via edição da Medida Provisória n. 579/2012. Já em 2016 e em 2019, tornou-se símbolo das levas de privatizações propostas respectivamente pelos governos Temer e Bolsonaro. Nos termos do Projeto de Lei (PL) n. 9.463/2018, formulado pelo governo Temer, não apenas o Estado pretendia abrir mão do controle da companhia, como ainda previa direito de voto especial para o Estado consubstanciado em uma *golden share*, além de mecanismos para evitar o exercício, por qualquer acionista, de poder de voto superior a 10%, independentemente de sua participação acionária.[56] Por seu turno, o PL n. 5.877/2019, apresentado pelo governo Bolsonaro, mantém a vedação de poder de voto superior a 10%, mas retira qualquer menção a ação preferencial do Estado.

Um ponto específico do processo de privatização da Eletrobras, iniciado sob o governo Temer, fazia intersecção com a estratégia indiana de desestatização: a garantia de participação acionária aos empregados, estratégia não mantida no PL n. 5.877/2019. A exposição de motivos do PL n. 9.463/2018 anunciava que uma das diretrizes da desestatização consiste na "oferta de parte das ações representativas do capital da Eletrobras aos

[55] PETROBRAS. Comunicados e Fatos Relevantes: Aprovação das alterações estatutárias para adesão ao Nível 2 de Governança Corporativa da B3 e definição de interesse público. 15 dez. 2017.

[56] Limitação semelhante é encontrada no estatuto social da Embraer, segundo o qual: "Nas deliberações da Assembleia Geral: a) nenhum acionista ou grupo de acionistas, brasileiro ou estrangeiro, poderá exercer votos em número superior a 5% do número de ações em que se dividir o capital social; e b) o conjunto dos acionistas e grupos de acionistas estrangeiros não poderá exercer votos em número superior a 2/3 do total de votos conferidos ao conjunto de acionistas brasileiros presentes;" (art. 4º, item III).

seus empregados e aos empregados das empresas por ela controladas direta ou indiretamente".[57] Iniciativa nesse sentido constou também do processo de alienação das distribuidoras da *holding* Eletrobras, no qual foi conferida aos empregados participação acionária de 10%.[58] Apesar das diferenças nos processos brasileiro (privatização) e indiano (desestatização), os dois sugerem a relevância dos empregados (e, possivelmente, seus sindicatos) no jogo de poder dentro das empresas estatais.

Outra recente situação inusitada a ter a Eletrobras como protagonista consiste nas respostas conflitantes dadas por dois órgãos do aparato estatal no tocante à existência ou não de conflito de interesses na participação do Estado na assembleia de acionistas que decidiu pela adesão da Eletrobras aos termos da MPV n. 579/2012.

Para o regulador do mercado de capitais brasileiro, a CVM, o abuso no exercício do direito de voto teria se verificado, motivo por que, em 2015, condenou a União por violação às disposições da Lei de Sociedades Anônimas (art. 115)[59]

[57] No entanto, o próprio texto do projeto de lei não traz nenhuma disposição nesse sentido. A previsão está contida infralegalmente em resoluções do conselho do Programa de Parcerias de Investimentos da Presidência da República (Resolução n. 13, de 23 de agosto de 2017, e Resolução n. 20, de 8 de novembro de 2017).

[58] Para fins do leilão das distribuidoras, o valor de cada companhia ficou estimado em R$ 50 mil, e sobre esse valor os empregados terão participação de 10%. O art. 10 da Resolução CPPI n. 20/2017 prevê que, "de forma concomitante à aquisição do controle acionário da distribuidora, o novo controlador deverá realizar novo aumento de capital social nas distribuidoras, mediante subscrição e integralização, no ato, de ações", de acordo com os seguintes valores mínimos regulamentares (que variam de R$ 175 a 720 milhões). Quando do aumento de capital, é conferido aos empregados o direito de preferência na subscrição. Ou seja, ainda que aos empregados seja conferida participação acionária de 10%, é possível que essa participação seja diluída futuramente.

[59] Lei n. 6.404/76, "Art. 115. O acionista deve exercer o direito a voto no interesse da companhia; considerar-se-á abusivo o voto exercido com o fim de causar dano à companhia ou a outros acionistas, ou de obter, para si ou para outrem, vantagem a que não faz jus e de que resulte, ou possa resultar, prejuízo para a companhia ou para outros acionistas. (Redação dada pela Lei n. 10.303, de 2001.) § 1º o acionista não poderá votar nas deliberações da assembleia-geral relativas ao laudo de avaliação de bens com que concorrer para a formação do capital social e à aprovação de suas contas como administrador, nem em quaisquer outras que puderem beneficiá-lo de modo particular, ou em que tiver interesse conflitante com o da companhia. § 2º Se todos os subscritores forem condôminos de bem com que concorreram para a formação do capital social, poderão aprovar o laudo, sem prejuízo da responsabilidade de que trata o § 6º do artigo 8º. § 3º o acionista responde pelos danos causados pelo exercício abusivo do direito de voto, ainda que seu voto não haja prevalecido. § 4º A deliberação tomada em decorrência do voto de acionista que tem interesse conflitante com o da companhia é anulável; o acionista responderá pelos danos causados e será obrigado a transferir para a companhia as vantagens que tiver auferido".

ao ter votado em conflito de interesse na assembleia.[60] Institucionalmente, a CVM tem sua criação, competências, autonomia orçamentária e composição fixadas em lei. Sua diretoria colegiada é composta por cinco diretores, com comprovada experiência em mercado de capitais, cujos nomes são escolhidos pelo Presidente da República, enviados ao Senado para que sejam sabatinados e aprovados antes que possam exercer suas funções em caráter de exclusividade, gozando de mandato fixo e estabilidade no cargo.[61]

A decisão da CVM foi revertida em 2017, pelo Conselho de Recursos do Sistema Financeiro Nacional (CRSFN, ou Conselhinho), órgão integrante do Ministério da Economia, tendo os membros indicados pelo governo votado, de forma unânime, favoravelmente à Eletrobras.[62] Institucionalmente, o órgão tem criação e organização interna fixadas exclusivamente por meio de decreto (ato unilateral do Chefe do Executivo, portanto), e sua competência recursal é definida de forma esparsa na legislação. O Conselhinho é composto por oito membros indicados paritariamente pelo governo (Poder Executivo, exclusivamente) e por entidades representativas dos mercados financeiro e de capitais.[63] Dos quatro conselheiros indicados pelo governo, apenas um deles é indicado pela CVM: ou seja, o conselho não possui especialidade em direito societário ou mercado de valores mobiliários, sendo responsável também por recursos de decisões dos reguladores bancário (Banco Central) e de seguros (Superintendência de Seguros Privados [SUSEP]). Nenhum de seus membros é sabatinado ou aprovado pelo Senado Federal.

A reversão da decisão de um órgão de Estado por um órgão de governo, com uso da prerrogativa de voto de qualidade pelo presidente do conselho e representante do Ministério da Economia, foi interpretada por alguns como retrocesso e lamentada por associações de defesa de direitos dos acionistas minoritários e por aqueles que viam na decisão da CVM uma

[60] CVM, Processo Administrativo Sancionador RJ 2013/6635.

[61] A missão institucional da CVM está definida na Lei de sua criação (Lei n. 6.385, de 1976). O CRSFN, por seu turno, foi criado por meio de **decreto** em 1985 (Decreto n. 91.152, de 1985), ou seja, anteriormente ao período de Estado Democrático de Direito reinstaurado com a promulgação da Constituição de 1988. Temos, portanto, um ato unilateral do Executivo que cria uma segunda instância recursal para as decisões condenatórias proferidas pela CVM, autarquia criada por lei, democraticamente deliberada, votada e aprovada pelo Legislativo.

[62] Época Negócios. Fazenda absolve União em processo sobre conflito de interesses na Eletrobras. *Época*, 29 jun. 2017.

[63] Composição do CRSFN disponível em: http://fazenda.gov.br/orgaos/colegiados/crsfn/institucional/estrutura-e-composicao.

sinalização de que o uso político de empresas estatais listadas seria submetido a maior escrutínio pelas autoridades competentes.[64]

O aparato estatal não é, contudo, o único capaz de influenciar empresas estatais a adotarem regras mais rígidas de governança. Vias outras, que não a legislativa e regulatória, têm se apresentado como foro de debate sobre o tema.

Para além do protagonismo no lançamento do Programa Destaque, a bolsa de valores B3 participou ativamente na negociação da entrada da Petrobras no segmento de listagem Nível 2 e exigiu que a empresa estatal fizesse modificações em seu estatuto de forma a resguardar direitos de seus acionistas privados. Entre as modificações, a Petrobras deverá conferir direito de 100% de *tag along* para ações preferenciais.[65] Além disso, o Comitê de Minoritários, em caráter consultivo e não vinculante, passará a examinar e opinar sobre matérias em que os preferencialistas poderão ter direito de voto.[66]

A alteração mais ousada exigida pela B3 consiste em que a "União deverá compensar a Petrobras, a cada exercício social, pelo valor da diferença entre as condições de mercado e o resultado operacional ou retorno econômico da obrigação assumida".[67] A iniciativa encontra reflexo nas recomendações da OCDE de que os custos relacionados com a implementação de políticas públicas sejam financiados pelo Estado e é posta em prática na Colômbia, onde a Ecopetrol vende combustível ao público a preços subsidiados, sendo posteriormente reembolsada pelo Estado pelos custos incorridos com o subsídio.[68]

[64] Coluna do Broadcast. Para AMEC, "Conselhinho" trouxe retrocesso ao mercado de capitais. *Estado de São Paulo*, 16 jul. 2017.

[65] O patamar mínimo exigido pela Lei n. 6.404/76 é de 80%, exclusivamente para ações ordinárias. Não há exigência legal sobre direito de *tag along* para preferencialistas. "Lei 6.404/76 – Art. 254-A. A alienação, direta ou indireta, do controle de companhia aberta somente poderá ser contratada sob a condição, suspensiva ou resolutiva, de que o adquirente se obrigue a fazer oferta pública de aquisição das ações com direito a voto de propriedade dos demais acionistas da companhia, de modo a lhes assegurar o preço no mínimo igual a 80% (oitenta por cento) do valor pago por ação com direito a voto, integrante do bloco de controle. (Incluído pela Lei n. 10.303, de 2001.)"

[66] Agência Petrobras. Alterações estatutárias para adesão ao Nível 2 de Governança Corporativa da B3 e definição de interesse público. 15 dez. 2017.

[67] Agência Petrobras. Alterações estatutárias para adesão ao Nível 2 de Governança Corporativa da B3 e definição de interesse público. 15 dez. 2017.

[68] MILHAUPT e PARGENDLER (2017, p. 60).

Ainda que a Lei n. 13.303/2016 tenha ampliado a exigência de transparência em relação à implementação de políticas públicas via empresas estatais e estabelecido a obrigatoriedade de divulgação dos custos incorridos com o exercício de atividades não comerciais, esse dever de ressarcimento representa inovação – mas cuja juridicidade e constitucionalidade em face do ordenamento jurídico brasileiro merecem análise mais detida.

Isso porque, diferentemente das demais jurisdições analisadas, no Brasil há previsão constitucional de que empresas estatais devem ter criação justificada por reclames do interesse nacional ou de segurança pública.[69] O dispositivo abre espaço para ampla controvérsia sobre a persecução de políticas públicas via empresas estatais, especialmente as listadas. Ainda que na Nova Zelândia exista a cultura de orientar comercialmente suas empresas públicas listadas e evitar ingerências políticas na condução de suas atividades, previsão legal nesse sentido poderia gerar debates sobre a constitucionalidade da medida em solo doméstico – considerados os termos atuais da Constituição brasileira.[70]

No tocante à capacidade da bolsa de valores de gerar impactos profundos na governança de empresas estatais, pontue-se, no entanto, que a adesão voluntária das empresas estatais a segmentos de listagem com patamares mais elevados de governança ainda é baixa. Em outubro de 2017 (previamente à adesão da Petrobras, portanto), apenas 17% das empresas estatais listadas estavam nos segmentos de maior exigência de práticas de governança (Nível 2 e Novo Mercado).[71]

Passados quatro anos da edição do marco legal de governança corporativa das empresas estatais brasileiras, a OCDE emitiu diagnóstico do panorama brasileiro sobre a questão em março de 2010, concluindo que houve avanço entre os papéis de Estado acionista e Estado regulador, mas apontando que o país tem um modelo híbrido de propriedade estatal, no qual há certa coordenação (promovida pela SEST) e descentralização

[69] Constituição Federal, "Art. 173. Ressalvados os casos previstos nesta Constituição, a exploração direta de atividade econômica pelo Estado só será permitida quando necessária aos imperativos da segurança nacional ou a relevante interesse coletivo, conforme definidos em lei".

[70] A Constituição brasileira não é, por óbvio, imutável. Desde sua edição, a Constituição de 1988 já recebeu 107 emendas, a última delas em julho de 2020. Por seu turno, no último século, o país contou com seis constituições diferentes (computando-se a Constituição de 1969).

[71] IBGC Notícias. Apenas 17% das estatais listadas no Brasil estão nos segmentos de maior exigência de práticas de governança, mostra pesquisa do *IBGC*, 10 out. 2017.

(dado que cada estatal está sob responsabilidade do Ministério setorial correspondente). Entre os critérios nos quais a edição da Lei n. 13.303/2016 (e seus regulamentos) não representou avanço, sob o ponto de vista da OCDE, estão: 1) definição de uma lógica/política de propriedade estatal; 2) edição de aparato regulatório que assegure neutralidade competitiva no mercado, em presença de empresas estatais; 3) tratamento equitativo entre acionistas e outros investidores; e, por fim, 4) incorporação do interesse de *stakeholders* (em contraposição à preocupação exclusiva com *shareholders*) e de interesses sociais (*responsible business*).[72]

3. É possível extrair lições?

Depois de analisar os desafios de governança em empresas estatais enfrentados por oito países (França, Estados Unidos, Noruega, Colômbia, Brasil, Japão, Singapura e China), Milhaupt e Pargendler pontuam que, possivelmente, a principal lição a ser extraída da análise das práticas de governança em jurisdições diversas é justamente a falta de um padrão, sendo natural que a governança de empresas estatais seja profundamente influenciada pela filosofia doméstica sobre o escopo da propriedade estatal, separação de poderes, nível de corrupção da sociedade e fatores correlatos. Afirmam ainda que "existe pouca razão para acreditar que recorrer ao modelo de propriedade mista – via participação de acionistas privados em empresas estatais – é insuficiente para transformar um produto do Estado em um produto de do mercado privado".[73]

Por mais que a amostra de países desta pesquisa seja menor e conte com outras jurisdições, nem por isso o exercício de tentativa de extração de lições chegou a resultados mais coesos em relação às práticas de governança em empresas estatais. A análise da amostra não apenas permite inferir a inexistência de um modelo único de tratamento conferido às empresas estatais listadas entre países, como também ressalta que mesmo intrapaís pode haver inconsistências no tratamento conferido às empresas estatais ao longo do tempo, além de se terem verificado sobreposições de modelos (modelos antigos não revistos e que coexistem com regimes regulatórios mais recentes).

Se Brasil, Índia e Arábia Saudita tradicionalmente apostam no modelo de propriedade mista e, a partir da década de 1990, o adotaram como

[72] OECD (2020).
[73] MILHAUPT e PARGENDLER (2017, p. 49).

alternativa à privatização de empresas vistas como estratégicas para o país, por outro lado, tanto Nova Zelândia quanto Argentina decidiram, em determinado momento de sua história, que não apostariam no modelo de controle acionário de empresas de capital misto. Até a necessidade de resgate da Air New Zealand e a expropriação da YPF, ambos os países contavam apenas com participações minoritárias em empresas de controle privado ou com empresas de propriedade integralmente estatal. Para ambos, deter participação acionária majoritária em uma empresa estatal listada não foi, portanto, uma decisão em linha com políticas públicas estatais consolidas ou predeterminadas.

Ainda assim, passado o episódio que justificou a retomada do modelo misto, Argentina e Nova Zelândia seguiram caminhos distintos. Na Argentina, apesar de ter se tornado presidente ferrenho opositor político à expropriação da YPF, a eleição de um governo de orientação neoliberal ainda não se fez acompanhar por quaisquer iniciativas de reversão da propriedade estatal na YPF ou de projetos mais amplos de desestatização ou privatização.

Por seu turno, a Nova Zelândia decidiu implementar formalmente o *Mixed Ownership Model* e escolheu outras três companhias do setor de energia para listagem, mantido o controle estatal. Para essas três empresas estatais, foi definida uma modelagem legal e regulatória que viabilizasse segurança jurídica quanto às regras a que elas estariam sujeitas. Assim, o país conta atualmente com quatro empresas estatais listadas: três delas sujeitas ao regime geral societário. Já a Air New Zealand, por ainda contar com uma ação que confere ao Ministério de Transportes direitos de voto especiais (*kiwi share*), encontra-se em um regime à parte. Destaque-se que durante esse processo de reestruturação societária das companhias a extinção da *kiwi share* da Air New Zealand não foi objeto de discussões.

Na Nova Zelândia, controle acionário estatal não significa interferência estatal na direção da companhia. Longe disso. O país possui política cristalina e compromisso público de respeito à orientação comercial das empresas estatais listadas e de não interferência em sua administração. O fato de o compromisso não constar de leis, e sim de uma carta aberta às empresas estatais listadas, não o torna, necessariamente, fraco, uma vez que ele deve ser interpretado em conjunto com outros fatores institucionais do país, especialmente sua cultura política e econômica.

Os demais países analisados fizeram opção política distinta na conformação da atuação do Estado como acionista. Índia, Arábia Saudita e Brasil contam com dispositivos normativos que autorizam eventual interferência estatal nas empresas estatais para concretização de objetivos sociais. Em relação à Arábia Saudita, a possível interferência é listada como um dos riscos em prospectos de oferta de valores mobiliários: nesta pesquisa, não foram encontradas evidências de que interferências deletérias a investidores não estatais tenham se efetivado.[74]

No Brasil, o alcance dos artigos que conformam a atuação do Estado controlador ainda é objeto de discussões. A Lei n. 13.303/2016 dispõe que "a pessoa jurídica que controla a sociedade de economia mista [...] deverá exercer o poder de controle no interesse da companhia, respeitado o interesse público que justificou sua criação" (art. 4º, § 2º); por seu turno, a Lei de Sociedades Anônimas dispõe que "a pessoa jurídica que controla a companhia de economia mista tem os deveres e responsabilidades do acionista controlador [...], mas poderá orientar as atividades da companhia de modo a atender ao interesse público que justificou a sua criação" (art. 238 da Lei n. 6.404/1976).

Assim, um desafio adicional é posto às empresas estatais brasileiras listadas: a possibilidade de o Estado, como acionista controlador, utilizá-las para cumprimento de objetivos sociais e fiscais. Isso porque tais empresas possuem o "caráter de Jano", e, "tal como a figura mitológica, contam com duas faces: a empresarial e a política".[75] Ainda que a listagem pudesse sugerir a intenção do Estado de reforçar a orientação comercial às empresas por ele controladas, a execução de políticas públicas por meio de empresas estatais não é rara. Apenas na última década, empresas públicas listadas

[74] A massiva adesão das empresas estatais controladas pelo PIF ao plano Visão Saudita 2030 poderia ser indício nesse sentido. Conforme informado no Capítulo 1 desta obra, notícias de jornal são importante fonte de pesquisa para a elaboração dos estudos de caso, especialmente em relação a eventuais interferências políticas ou abusos de poder praticados pelo Estado. Pesquisa em jornais sauditas sobre o tema não se mostraram tão frutíferas quanto nos demais países da amostra, seja porque tais interferências políticas não aconteceram, seja porque não foram noticiadas. Em relação às notícias de relevância para esta pesquisa, de uma forma geral, a imprensa saudita se limita a repassar informações sem apresentar eventuais posicionamentos ou interpretações sobre elas. Destaque-se que a Arábia Saudita consta da posição 168 entre 180 países em *ranking* sobre liberdade de imprensa. *2017 World Press Freedom Index*, elaborado pelo Reporter without borders. Disponível em: https://rsf.org/en/ranking. Acesso em: 23 mar. 2018.

[75] MARINHO e SCHAPIRO (2017, p. 29).

como Eletrobras, Petrobras e Banco do Brasil foram utilizadas para fins de redução da tarifa de energia elétrica,[76] congelamento do preço do combustível[77] e redução do custo do crédito.[78]

Os comandos normativos abertos não oferecem nem aos controladores, nem aos administradores dessas empresas parâmetros de como equacionar a efetivação de objetivos não comerciais.[79] No caso concreto do setor elétrico, o conselho de administração da Eletrobras decidiu remeter à assembleia de acionistas a decisão pela adesão à política pública definida pela chefe do Executivo, em 2012.[80] O Estado acionista controlador participou dessa assembleia e foi primeiro condenado pela CVM por ter votado em conflito de interesse com a companhia. Posteriormente, o outro órgão do aparato estatal, o Conselhinho, reviu essa decisão. Novamente em 2018, o Estado acionista controlador enfrentará acusações de ter votado em conflito de interesse na assembleia de acionistas que deliberou a venda das distribuidoras de energia da *holding* Eletrobras, um dos passos no processo de privatização da companhia, projeto prioritário do governo Temer.

Já no caso da Petrobras, o próprio conselho de administração é réu em Ação Civil Pública (ACP) instaurada em janeiro de 2017 pelo Ministério Público Federal, que visa à condenação dos conselheiros pela prática de atos de improbidade administrativa, em razão da "condução da política de preços dos combustíveis praticada para fins diversos daqueles previstos em Lei e no Estatuto da Companhia". A mesma ação visa também à "condenação da União Federal, de forma subsidiária, ao ressarcimento dos danos causados por abuso de poder, enquanto acionista controladora da estatal, em razão do controle dos preços dos combustíveis visando evitar

[76] AMATO, F. Governo publica lei que permite baratear conta de luz. *Portal G1*, 14 jan. 2013.

[77] ORDONEZ, R. Em relatórios, Petrobras admite ingerência do governo em suas decisões. *O Globo*, 10 jun. 2016.

[78] "Pressionado pela presidente Dilma Rousseff, o Banco do Brasil fez uma redução agressiva nos juros e elevou os limites de várias linhas de crédito para empresas e consumidores com o objetivo de acirrar concorrência com Itaú, Bradesco e Santander e estimular a economia. [...] A reação do mercado ontem foi ruim. As ações do BB tiveram baixa de 5,91%, com os investidores vendo aumento da interferência política." SCIARRETTA, T. Sob pressão de Dilma, BB diminui juros. *Folha de S.Paulo*, 5 abr. 2012.

[79] Ver MARINHO e SCHAPIRO (2017).

[80] Para uma descrição do processo decisório sobre a adesão da Eletrobras à MPV 759, de 2012, ver PINTO JR., M. E. Exercício do controle acionário na empresa estatal comentários a decisão da CVM no caso Eletrobras (Exercise of Shareholder Control Over State Own Enterprises: Comments About CVM's Decision in Eletrobras Case). *FGV Direito SP Research Paper Series n. 144*, 2016.

o aumento da inflação".[81] No âmbito da CVM, em 2018 foram instaurados processos administrativos para averiguar legalidade e eventual responsabilização de conselheiros pela adoção de política de preços entre 2011 e 2014 (governo Rousseff). Os processos foram pautados para julgamento em agosto de 2020.[82]

Esses episódios ressaltam a falta de clareza normativa para que o Estado acionista conduza as empresas estatais à efetivação de fins não comerciais. Se para autoridades estatais, Estado acionista e órgãos decisórios da companhia a delimitação de competências e responsabilidades é nebulosa, tanto mais para acionistas não estatais e investidores. Falta de clareza semelhante é aferível da experiência indiana, onde a efetivação de políticas públicas via empresas estatais listadas não é incomum. Exemplo concreto dessa indefinição quanto aos limites em que o Estado pode guiar a companhia para efetivação de objetivos não comerciais foi o caso concreto que levou ao desinvestimento pelo fundo TFIC na Coal India.

O modelo de ressarcimento pelo Estado à companhia pela implementação de objetivos não comerciais é objeto de tentativa piloto no âmbito da Petrobras, como compromisso para o ingresso de nível mais rigoroso de listagem na bolsa de valores, e ocorreu por meio de mera alteração do estatuto social da companhia. Como mencionado antes, ainda que esteja em linha com preceitos defendidos pela OCDE e já aplicados por outras jurisdições (Colômbia[83] e, possivelmente, Arábia Saudita), o modo como foi formulado apresenta algumas contingências: falta de discussão (e cobertura) legislativa sobre eventual ressarcimento, o fato de ser iniciativa restrita a uma única empresa estatal (ou seja, carece de abrangência), dúvidas quanto à firmeza do compromisso, que somente será testada com sua colocação em prática. O contexto normativo brasileiro gera dúvidas, portanto, acerca da factibilidade da tentativa de transplante da regra do ressarcimento para o país sem alterações legislativas (e, possivelmente, constitucionais) prévias.

[81] Petição Inicial do Ministério Público Federal na ação civil pública por ato de improbidade administrativa cumulada com ressarcimento de danos ao erário (Ref.: Inquérito Civil Público 1.30.001.000733/2015-34).

[82] Em 21 de agosto de 2020, a CVM anunciou que pautaria para julgamento, no dia 24 de agosto de 2020, três processos. Até o fechamento desta edição, apenas o relator havia proferido seu voto, tendo o julgamento sido interrompido por pedido de vista. Disponível em http://www.cvm.gov.br/noticias/arquivos/2020/20200821-1.html. Acesso em: 23 ago. 2020.

[83] MILHAUPT e PARGENDLER (2017, p. 57).

Ainda, a existência do modelo neozelandês, que confere às empresas estatais listadas exclusivamente orientação comercial, apresenta outro modelo de exercício de propriedade estatal. Enquanto as empresas estatais encontram-se sujeitas ao *Crown Entities Act 2004*, as empresas estatais listadas integrantes do MOM estão sujeitas exclusivamente à legislação societária e à dinâmica de mercado. Assim, ainda que o Estado seja acionista controlador dessas companhias, o próprio Estado buscou suprimir o caráter de Jano dessas companhias e erigiu amarras para que não sejam utilizadas para fins não comerciais, com o objetivo de respeitar os direitos dos demais acionistas não estatais.[84]

Não se afirma aqui que o modelo de clareza da política de propriedade estatal seja sinônimo de exclusivamente orientar comercialmente tais empresas. No entanto, parecem conferir maior segurança jurídica a investidores, acionistas minoritários e à própria administração das companhias os modelos 1) que preveem não interferência política na administração das empresas estatais listadas (modelo neozelandês), 2) que delimitam e divulgam previamente as formas em que a interferência pode acontecer[85] ou 3) que estabelecem a regra de ressarcimento à companhia nos casos em que o Estado controlador imponha persecução de fins não comerciais.

A Lei n. 13.303/2016 fez a opção pelo modelo 2, ao estipular que na carta anual subscrita pelos membros do conselho de administração devem estar enunciados quaisquer compromissos de consecução de objetivos de políticas públicas pela empresa estatal, em atendimento ao interesse público que justificou sua criação, "com definição clara dos recursos a serem empregados para esse fim, bem como dos impactos econômico-financeiros da consecução desses objetivos, mensuráveis por meio de indicadores objetivos" (art. 8º, I). A curta vigência da lei ainda não permite verificar se o dispositivo será suficiente para evitar o uso das empresas estatais para efetivação de políticas públicas de forma casuística, não transparente ou sem planejamento prévio.

[84] Os prospectos de ofertas das companhias inseridas no MOM ressaltam o respeito a acionistas minoritários como preceito a ser seguido pela companhia.

[85] Milhaupt e Pargendler (2017, p. 57) sugerem, para além das políticas de transparência ou de reembolso defendidas pela OCDE, a obrigação de que conselheiros de empresas públicas justifiquem, aprovem formalmente e divulguem a seus acionistas qualquer iniciativa de persecução de políticas públicas, de forma semelhante aos processos de divulgação por conselheiros de operações em que haja conflito de interesses.

Também a decisão de não permitir a presença de políticos e de servidores civis como conselheiros das empresas estatais listadas sinaliza compromisso do Estado com a independência de sua gestão. Ainda que o Brasil tenha apresentado avanços normativos nesse sentido com a edição da Lei n. 13.303/2016, à luz do modelo neozelandês de vedação completa de políticos e servidores públicos em conselhos, é de se questionar se a reforma brasileira poderia ter sido aprofundada. Dada a abertura para que servidores públicos e empregados das companhias assumam postos de administradores de empresas estatais, a inspiração no modelo francês de vedar o pagamento a servidores pelo exercício dessa atividade é medida que poderia conter o entusiasmo excessivo com o mero acréscimo remuneratório por parte dos indicados, além de potencialmente incentivar a adoção de uma postura franciscana da gestão da companhia.

No tocante ao modelo de exercício da propriedade estatal, a amostra revela a existência dos modelos descentralizado (Argentina e Índia), dual (Nova Zelândia) e centralizado (Arábia Saudita). Ainda que a Arábia Saudita seja o único país a adotar um modelo centralizado de propriedade estatal, diferentemente do ideal proposto pela OCDE e do modelo Temasek cingapuriana, a *holding* não garante (nem se propõe a garantir) um insulamento político da gestão das empresas estatais, antes tem a capacidade de potencializar a intervenção estatal nas empresas estatais nas quais o Estado detém participação majoritária. Assim, considerada a amostra desta pesquisa, o modelo que aparenta melhor conjugar atuação coordenada do Estado e insulamento político é o neozelandês,[86] em que são bem definidos os órgãos encarregados das tarefas de indicação de conselheiros, acompanhamento dos relatórios financeiros (e demais questões econômicas) e certificação de que a companhia está orientando comercialmente suas atividades.

Por ser de iniciativa parlamentar, a Lei n. 13.303/2016 estava constitucionalmente vedada de avançar sobre tópicos que tratassem da organização interna da administração pública, tais como a atribuição de competências para ministérios e órgãos do Poder Executivo.[87] Desde sua entrada em

[86] VAGLIASINDI, M. Governance Arrangements for State Owned Enterprises. *Policy Research Working Paper 4542*, The World Bank Sustainable Development Network March 2008, p. 10.

[87] Ainda que a definição de competências de órgãos da administração pública não conste dos termos da lei, foi apresentada perante o Supremo Tribunal Federal a Ação Direta de Inconstitucionalidade (ADI) n. 5.624, em que se alega, entre outros pontos, "inconstitucionalidade formal

vigência, ainda não foi editado decreto que explicitasse as competências e responsabilidades das atividades normativa, fiscalizatória e repressiva na Administração Pública. Atualmente, a Secretaria de Coordenação e Governança das Empresas Estatais do Ministério da Economia (anteriormente, pertencente ao quadro do Ministério do Planejamento), os ministérios setoriais e a CGU[88] exercem essas atividades, mas sem que tenha havido clara divisão de tarefas, explicitação do mantado de cada um deles ou compromissos expressos ou institucionalizados de colaboração. Se equacionar a atuação desses atores já pode se mostrar um desafio, é possível que o amadurecimento institucional brasileiro não permita ainda cogitar a adoção do modelo centralizado de exercício de propriedade estatal, especialmente à vista de que sua adoção, sem a certeza de uma governança adequada, apenas potencializa a intervenção estatal nas companhias controladas, em vez de amenizá-la.

Um desafio particularmente brasileiro é a presença de direitos especiais de voto para o acionista estatal controlador, sob a forma de ações preferenciais sem direito de voto no capital de empresas estatais listadas. Quando

na norma, por entender que houve invasão do Poder Legislativo sobre a prerrogativa do chefe do Poder Executivo de dar início ao processo legislativo em matérias que envolvam a organização e funcionamento do próprio Executivo e o regime jurídico de seus servidores". Ver NOTÍCIAS STF. ADI questiona lei que dispõe sobre estatuto jurídico das estatais. *Portal STF*, 5 jan. 2017. Em dezembro de 2019, foi julgada Medida Cautelar na ADI 5.624, mas que apenas tratou da possibilidade de a União vender subsidiárias à revelia de autorização legislativa. Apesar de ainda se encontrar pendente o julgamento da ADI, o Min. Relator Ricardo Lewandowski, ao proferir decisão liminar, informou que "É que a Lei das Estatais incorporou a nosso sistema jurídico inúmeras regras de governança corporativa que, pelo menos *a priori*, podem contribuir para maior transparência, controle, previsibilidade e imparcialidade ao regime jurídico das estatais. A lei concedeu, ainda, o razoável prazo de 24 meses para adaptação das empresas públicas e das sociedades de economia mista à nova sistemática. Evidentemente, há questões relevantes que merecem ser aprofundadas por ocasião do julgamento do mérito, notadamente quanto à competência legislativa da União para tal regramento no que tange às estatais pertencentes aos demais entes federativos e relativamente à aplicação da referida lei também às empresas que prestam serviço público, para além daquelas que exercem atividade econômica em sentido estrito. Nessa mesma perspectiva, penso que a análise de eventual vício de iniciativa na propositura da lei, bem como a questão relativa à conveniência política de sua edição não cabem neste momento processual."

[88] O *Manual de Direito Disciplinar para Empresas Estatais*, editado pela CGU em novembro de 2015 e atualizado em 2018, faz apenas uma menção ao "Estatuto das Estatais" (Lei n. 13.303/2016), sem detalhar as competências no órgão na fiscalização das empresas estatais brasileiras em consonância com a referida lei. O documento encontra-se disponível em: https://www.gov.br/cgu/pt-br/centrais-de-conteudo/publicacoes/atividade-disciplinar/arquivos/manual_estatais.pdf (acesso em: 23 ago. 2020).

da tramitação do PLS n. 555, de 2015, que resultou na Lei n. 13.303/2016, o texto original posto à apreciação do Congresso previa que as sociedades de economia mista deveriam, no prazo de até dez anos, eliminar ações preferenciais de seu capital, vedadas futuras emissões (art. 90, § 2º). No entanto, a versão aprovada pelo plenário do Senado e enviada à Câmara dos Deputados, na função de casa revisora, já não contava com o dispositivo.

Ainda que o preceito "uma ação um voto" seja objeto de relativização recente até mesmo em jurisdições que fervorosamente o defendiam (a exemplo de Hong Kong e Cingapura), a autorização para que empresas adotem estruturas descasadas de direitos políticos e econômicos pode ser compensada pela presença de um arsenal robusto de direitos conferidos a acionistas minoritários (a exemplo da presença de conselheiros independentes, controle de transações com partes relacionadas, acesso ao Judiciário, entre outros) ou então pode ser amenizada se o mercado em questão contar com a presença de investidores sofisticados (investidores institucionais, principalmente), capazes de maior poder de barganha ante os proprietários da companhia.[89]

Essas condições não se parecem coadunar com a presença do Estado como acionista controlador da empresa e tampouco com a estrutura do mercado brasileiro.[90] No entanto, a resistência (ou incapacidade), por parte do legislador brasileiro, em extirpar as ações preferenciais das empresas estatais torna tanto mais importante o desenvolvimento de mecanismos outros voltados a preventivamente contrapor potenciais meios de desvios do controle estatal na companhia.

Nesse sentido, a adoção voluntária do comitê de minoritários pela Petrobras, com competência para análise de operações envolvendo a companhia e o Estado e para analisar e decidir hipóteses em que preferencialistas podem adquirir direito de voto, é iniciativa bem-vinda, especialmente quando se leva em consideração o fato de ter contado com a anuência do Estado acionista para sua implementação, sem que

[89] MARTINEZ, A. G. Opinion: Should securities regulators allow companies going public with dual class shares? *Oxford Law Blog*, 16 jan. 2018.

[90] "Third, it may also be relevant to take into account the level of private benefits of control existing in a particular jurisdiction. Namely, in jurisdictions with large private benefits of control (as exist in countries such as South Korea, Mexico, Italy, or Brazil), it may be riskier to allow companies to go public with dual-class shares, since the controller will be in a better position to extract value from minority investors" (MARTINEZ, 2018).

para isso fosse necessário incorrer no custo político ínsito à edição de leis e regulamentos.

Como agenda futura de reflexão, extraíveis das experiências internacionais e doméstica, destaquem-se 1) o dispêndio, no curto prazo, de esforços no sentido de aproximar o exercício da propriedade da participação acionária em empresas estatais de um modelo dual (o modelo atual é de baixa coordenação e compromete até mesmo a verificação da efetividade da Lei n. 13.303/2016); 2) a análise da composição dos conselhos de administração pós-edição da Lei n. 13.303/2016 e a viabilidade de serem consideradas medidas como o recrudescimento da regra de vedação de indicação de pessoas com forte ligação político-partidária, a vedação à presença de servidores públicos como administradores ou o não pagamento pelo exercício do cargo de conselheiro a servidores públicos; 3) o fortalecimento de iniciativas de autorregulação, tanto como mecanismos de melhor acompanhamento da adoção das regras de governança (a exemplo do Programa Destaque da B3) quanto como estratégia de incentivo à inovação institucional (como a disseminação e o fortalecimento das competências dos comitês de minoritários); 4) o desenvolvimento de mecanismos para acompanhamento da atuação dos conselheiros independentes ou edição de normas que amenizem sua lealdade ao acionista controlador (a exemplo da seleção de lista de nomes por agência independente); 5) a criação de incentivos de fortalecimento aos direitos de acionistas minoritários, seja por meio de maior representação no conselho (conforme sugestão de Milhaupt e Pargendler), seja por meio da criação de órgãos representativos dos acionistas minoritários, com poder de voz na análise do relacionamento da empresa estatal com o Estado.

Merecem aprofundamento no estudo também questões que demandariam repensar o modelo brasileiro de forma mais abrangente, a exemplo 1) da decisão neozelandesa de orientação estritamente comercial às empresas estatais listadas; 2) da viabilidade de exercício centralizado da propriedade estatal, com os riscos e benefícios que lhe são inerentes (a exemplo da disparidade das experiências cingapuriana e, em outro extremo, saudita); e 3) da adequação do ordenamento brasileiro à regra de ressarcimento à companhia na hipótese de o Estado decidir orientá-la a perseguir atividades não comerciais.

Assim, ainda que transplantes institucionais sejam de sustentabilidade questionável quando não são levadas em consideração as condições ambientais do país destinatário da intervenção, a análise das práticas de governança para empresas estatais listadas em outras jurisdições sugere a existência de alternativas às escolhas feitas pelo legislador brasileiro quando da edição da Lei n. 13.303/2016 e apresenta possibilidades tanto de potencial reforma normativa quanto de ressignificação integral da atuação do Estado brasileiro como acionista controlador de empresas listadas.

CONCLUSÕES

Esta obra buscou analisar os desafios inerentes à intervenção do Estado na economia via empresas estatais e os arranjos de governança corporativa para empresas estatais existentes em quatro outras jurisdições, tendo por base doze chaves de observação eleitas por Milhaupt e Pargendler em "Governance Challenges of Listed State-Owned Enterprises Around the World: National Experiences and a Framework for Reform", quais sejam, 1) relevância político-econômica das empresas estatais para o país, 2) empresas estatais listadas sujeitas às leis gerais de companhias e do mercado de capitais, 3) existência de princípios não vinculativos de governança corporativa para empresas estatais, 4) existência de regime de listagem especial para empresas estatais, 5) existência de direitos de governança especiais para o Estado acionista, 6) utilização de direitos de voto diferenciados em empresas estatais listadas, 7) divulgação pública da política de propriedade estatal, 8) restrição à participação de políticos ou representantes do governo em conselhos de administração de empresas estatais, 9) regras especiais de remuneração para administradores de empresas estatais, 10) propriedade centralizada de participação acionária em empresas estatais, 11) existência de uma *holding* estatal para empresas estatais e 12) listagem internacional de empresas estatais.

Para tanto, o Capítulo 1 destinou-se a justificar a escolha de uma abordagem comparada, esclarecer as estratégias de pesquisa, apresentar as bases teóricas para compreensão da atuação do Estado como acionista controlador em empresas listadas e discorrer brevemente sobre a relevância de cada uma das chaves de observação.

O segundo capítulo trouxe, de forma individualizada, os quatro estudos de caso – Nova Zelândia, Índia, Argentina e Arábia Saudita.

A primeira parte do terceiro capítulo buscou preencher o quadro analítico por meio da comparação entre os estudos de caso e as chaves de observação. Em seguida, apresentaram-se as recentes inovações legislativas e regulatórias promovidas no Brasil, a fim de já estabelecer entre elas e as experiências estrangeiras vínculos ou relações de semelhança ou dissenso.

Por fim, na parte final do Capítulo 3, buscou-se cotejar experiências estrangeiras com as inovações verificadas no país, de modo a tentar extrair pautas de melhorias normativas futuras. De relevância, poderiam ser mais bem exploradas por legisladores e reguladores brasileiros soluções propostas por outros países a questões como clareza na divulgação da política de propriedade estatal, critérios qualitativos para indicação de membros para compor a administração das empresas, remuneração de conselheiros, críticas ao uso de direitos de voto especiais para o Estado (que remanesce quase como exclusividade brasileira) e maior centralidade ou coordenação no exercício da propriedade nas empresas estatais.

Longe de sugerir a mera importação de institutos, buscou-se expandir o cardápio de opções regulatórias à disposição das autoridades brasileiras e problematizar também, a partir de experiências estrangeiras, a adequação dos preceitos defendidos por organizações internacionais para governança de empresas estatais listadas.

REFERÊNCIAS

ACEVEDO SÁNCHEZ, E. State-Owned Enterprises Management. Advantages of Centralized Models. *Discussion Paper n. IDB-D-454*, Inter-american Development Bank, 2016.

AFSHARIPOUR, A. A Brief Overview of Corporate Governance Reforms in India. Conference Board Director Notes No. DN-020; *UC Davis Legal Studies Research Paper n. 258*, 2011.

AIR NEW ZEALAND. Incorporation and listing. s.d. Disponível em: https://www.airnewzealand.com/incorporation-and-listing. Acesso em: 29 jun. 2017.

AIR NEW ZEALAND. *Simplified Disclosure Prospectus*. Disponível em: https://p-airnz.com/cms/assets/NZ/PDFs/airnz-simplified-disclosure-prospectus-04sep11.pdf. Acesso em: 5 jul. 2017.

AIR NEW ZEALAND. Frequently Asked Questions. Disponível em: https://www.airnewzealand.co.nz/investor-centre-frequently-asked-questions. Acesso em: 21 abr. 2020.

AKOUM, I. Privatization in Saudi Arabia: Is Slow Beautiful? *Thunderbird International Business Review*, 2009.

ALOK, S.; AYYAGARI, M. Politics, State Ownership, and Corporate Investment. 2015. *Review of Financial Studies*, Forthcoming, 31 jan. 2015. Disponível em: https://ssrn.com/abstract=2416960 or http://dx.doi.org/10.2139/ssrn.2416960. Acesso em: 1º jun. 2020.

AL-QEDAIHY, A. STC loses its monopoly in telecom sector. *Arab News*, 28 jul. 2002.

ALVES, J.; BRANDÃO, R. Entrevista com Emilio Carazzai: "Do jeito como está, Lei das Estatais piora governança", diz presidente do IBGC. *Estado de São Paulo*, 14 jun. 2016.

ALZOMAIA, T. Capital Structure Determinants of Publicly Listed Companies in Saudi Arabia. *The International Journal of Business and Finance Research*, v. 8, n. 2, 2014.

AMATO, F. Governo publica lei que permite baratear conta de luz. *Portal G1*, 14 jan. 2013.

AMICO, A. For Saudi Aramco, good governance must begin at home. *Financial News London*, 17 ago. 2017.

ANJLI RAVAL. Saudi Aramco strives to curb its state role before IPO. *Financial Times*, 19 jun. 2017. Disponível em: https://www.ft.com/content/c21840d2-5042-11e7-bfb8-997009366969. Acesso em: 4 mar. 2018.

ARAMCO. *Prospectus*: Offering Summary. 2019. Disponível em: https://cma.org.sa/en/Market/Prospectuses/Documents/Saudi_Aramco_Prospectus.pdf.

ARMOUR, J.; GORDON, J. N. The Berle-Means Corporation in the 21st Century. Working Paper, Yale Law School, 2009.

ARROBBIO, A.; BARROS, A. C. H. & BEAUCHARD, R. *et al. Corporate governance of state-owned enterprises*: a toolkit. Washington, DC: World Bank Group, 2014.

BAAMIR, A. Issues of transparency and disclosure in the Saudi stock market. *Arab law Quaterly*, v. 22, 2008.

BARRA, P. Bovespa compra "briga" com 30 estatais listadas; entenda o motivo. *Informoney*, 2 abr. 2015.

BCC BUSINESS. Rules "should not be watered down" for Aramco listing. *BBC News*, 2 ago. 2017.

BEBCHUK, L. A.; KRAAKMAN, R. & TRIANTIS, G. Stock Pyramids, Cross-Ownership and Dual Class Equity: The Mechanisms and Agency Costs of Separating Control from Cash-Flow Rights Lucian Aye. *In*: MORCK, R. (ed.). *Concentrated Corporate Ownership*, 2000. p. 445-460; *Harvard Law School Olin Discussion Paper n. 249*, 1999.

BEISHEIM, M.; WEIZSACKER, E. U. von; YOUNG, O. R. & FINGER, M. *Limits to Privatization*: How to Avoid Too Much of a Good Thing: a Report to the Club of Rome. London: Earthscan, 2005.

BHATTCHARYYA, R; DAVE, S. Lesson from Satyam: Corporate governance evolves, not execution. *India Times*, 7 jan. 2016. Disponível em: http://economictimes.indiatimes.com/articleshow/50476372.cms?utm_source=contentofinterest&utm_medium=text&utm_campaign=cppst. Acesso em: 12 out. 2017.

BLACKSTONE, B; PARASIE, N. Saudi Giant Snaps Up Clariant Stake from Activists. *Wall Street Journal*, 25 jan. 2018. Disponível em: https://www.wsj.com/articles/activists-sell-clariant-stake-to-saudi-chemicals-maker-1516872711. Acesso em: 13 fev. 2018.

BLANCO, P. F. YPF le pagó $ 72 millones a Galuccio para acordar su salida de la empresa. *La Nacion*, 11 maio 2016.

BLANCO, P. F. *Tensión*. Macri nombró un directorio incómodo para Galuccio en YPF. La Nacion, 23 dez. 2015.

BLANCO, P. F. YPF subió 31% en US$ los sueldos a ejecutivos. *La Nacion*, 15 maio 2015. Disponível em: http://www.lanacion.com.ar/1792948-ypf-aumento-31-en-dolares-los-sueldos-a-sus-principales-ejecutivos. Acesso em: 21 set. 2017.

BOAS, B. V. Dança das cadeiras nas estatais. *O Globo*, 14 nov. 2010. Disponível em: https://oglobo.globo.com/economia/danca-das-cadeiras-nas-estatais-2926155. Acesso em: 6 mar. 2017.

BONNEFOY, P. Argentina: La expropiación de Repsol-YPF. *Estud. int. (Santiago, en línea)*, Santiago, v. 48, n. 184, p. 39-73, ago. 2016. Disponível em: http://www.scielo.cl/scielo.php?script=sci_arttext&pid=S0719=37692016000200002-&lng=es&nrm-iso. Acesso em: 21 set. 2017.

BONNEFOY, P.; LONDONO, E. Chile Slams World Bank Amid Charges of Political Bias. *NY Times*, 13 jan. 2018. Disponível em: https://www.nytimes.com/2018/01/13/world/americas/chile-world-bank-michelle-bachelet-augusto-lopez-claros.html. Acesso em: 28 mar. 2017.

BOWMAN, E. *The principles of the treaty of waitangi clause in the mixed ownership model legislation*. Dissertação de Mestrado. Faculty of Law University of Otago. 2012.

BRADDOCK, J. New Zealand government ignores asset sales referendum result. *World Socialist Web Site*, 24 dez. 2013. Disponível em: https://www.wsws.org/en/articles/2013/12/24/nzas-d24.html. Acesso em: 5 jul. 2017.

BRADLEY, A. Profit taking as thousands sell power shares. *Radio NZ*, 30 nov. 2015. Disponível em: http://www.radionz.co.nz/news/business/290873/profit-taking-as-thousands-sell-power-shares. Acesso em: 6 jul. 2017.

BRADLEY, G. Coronavirus: Air NZ gets Govt $900m loan facility. *New Zealand Herald*, 20 mar. 2020. Disponível em: https://www.nzherald.co.nz/business/news/article.cfm?c_id=3&objectid=12318346. Acesso em: 21 abr. 2020.

BRATTON, W. *Berle and Means Reconsidered at the Century's Turn*. s.l.: Georgetown University Law Center, 2001.

CAMERON, L. Investor Protection and the New Zealand Stock Market. New Zealand Treasury. *Policy Perspectives Paper 07/02*, 2007, p. 4-6.

CAMERON, R. Why mixed ownership model matters? *New Zealand Herald*, 12 maio 2012. Disponível em: http://www.nzherald.co.nz/business/news/article.cfm?c_id=3&objectid=10804291. Acesso em: 11 jun. 2017.

CAPITAL MARKET AUTHORITY. *Corporate Governance Regulations*. 2017. Disponível em: https://cma.org.sa/en/RulesRegulations/Regulations/Documents/CGRegulations_en.pdf. Acesso em: 19 mar. 2018.

CAPITAL MARKET AUTHORITY. *Quarterly Statistical Bulletin*. Third Quarter 2017.

MESHAL, F. *Toward New Corporate Governance Standards in the Kingdom of Saudi Arabia*: Lessons from Delaware. Department of Law, Faculty of Shari'ah and Law. University of Tabulk, Tabulk, Arábia Saudita, 2016.

CARDOW, A.; WILSON, W. *Privatization*: The New Zealand Experiment of the 1980's. How did Mom and Pop Fare? 2012, p. 12-13. Disponível em: https://ssrn.com/abstract=2178696. Acesso em:

CHAN, K.; CHEN, L.; WONG, N. New Zealand State-owned enterprises: is state ownership detrimental to firm performance? *New Zealand Economic Papers*, 2017.

CLARÍN. Las claves de la maniobra para quedarse con YPF. *Clarín*, 3 jun. 2017. Disponível em: https://www.clarin.com/politica/claves-maniobra-quedarse-ypf_0_HyQCs9gGb.html. Acesso em: 13 set. 2017.

CLIFFORD CHANCE. *Briefing note*: Saudi Arabia – New Companies Law. Dez. 2015. Disponível em: https://www.cliffordchance.com/content/dam/cliffordchance/briefings/2015/12/saudi-arabia-new-companies-law.pdf. Acesso em: 1º jun. 2020.

CORREIO Braziliense. Empresas envolvidas em denúncias da Lava-Jato veem ações desabarem. *Correio Braziliense*, 12 mar. 2015.

CRAIGS INVESTMENT PARTNERS. Investing in Shares or Property (não há especificação de data da publicação, mas o texto traz análise até o ano de 2011).

DE LA CRUZ, A.; MEDINA, A. & TANG, Y. *Owners of the World's Listed Companies*. Paris: OECD Capital Market Series, 2019.

DIÉGUEZ, G.; VALSANGIACOMO, A. *El péndulo del mercado al Estado*: ¿qué pasó con las empresas públicas en la última década en Argentina? Documento de Políticas Públicas/Análisis n. 178. Buenos Aires: CIPPEC, 2016.

DIHENDRA, K. View: Advantages of CPSE ETF come with caveats. *The Economic Times: India Times*, 16 jan. 2017. Disponível em: http://economictimes.indiatimes.com/markets/stocks/news/view-advantages-of-cpse-etf-comes-with-caveats/articleshow/56583625.cms. Acesso em: 25 abr. 2017.

ECONOMIC TIMES. Govt nominee should not be treated as independent director. 10 mar. 2007.

ECONOMIC TIMES. CPSE ETF: A promising ETF for your portfolio. 18 jan. 2017. Disponível em: http://economictimes.indiatimes.com/articleshow/56640352.cms?utm_source=contentofinterest&utm_medium=text&utm_campaign=-cppst. Acesso em: 20 jun. 2017.

ECONOMIST. So far, not so good. Can YPF avoid the grim fate of other nationalised companies? 12 de maio de 2012. Disponível em: http://www.economist.com/node/21554569. Acesso em: 21 set. 2017.

ENRIQUES, L. Extreme times, Extreme Measures: Pandemic-Resistant Corporate Law. *Oxford Business Law Blog*, 22 abr. 2020. Disponível em: https://www.law.ox.ac.uk/business-law-blog/blog/2020/04/extreme-times-extreme-measures-pandemic-resistant-corporate-law. Acesso em: 29 abr. 2020.

ÉPOCA Negócios. Fazenda absolve União em processo sobre conflito de interesses na Eletrobras. *Época*, 29 jun. 2017.

FCA. FCA proposes new premium listing category for sovereign-controlled companies. *FCA Press Release*, 13 jul. 2017. Disponível em: https://www.fca.org.uk/news/press-releases/fca-proposes-new-premium-listing-category-sovereign-controlled-companies. Acesso em: 17 mar. 2018.

FCA. Proposal to create a new premium listing category for sovereign controlled companies. *Consultation Paper CP17/21*, jul. 2017.

FENWICK, M.; VERMEULEN, E. P. M. The House of Cards of Corporate Governance: Re-Thinking Transparency and Disclosure of Ownership. *Lex Research Topics in Corporate Law & Economics Working Paper n. 1*, 2016.

FERNANDES, F. C. F.; SILVA, J. C. da. Remuneração dos Executivos: Análise dos quatro maiores bancos estatais e dos quatro maiores bancos privados listados na BM&FBOVESPA. *XXXVII Encontro da Anpad*, Rio de Janeiro, set. 2013

FERNANDEZ, P. Valuation of an Expropriated Company: The Case of YPF and Repsol in Argentina. *IESE Business School Working Paper n. WP-1055-E*, 2015.

FINANCIAL TIMES. Coal fight shows how India treats investors. 10.4.2012. Disponível em: https://www.ft.com/content/9233696a-8323-11e1-9f9a-00144feab49a?mhq5j=e5. Acesso em: 3. out. 2017.

FLECKNER, A.; HOPT, K. (ed.). *Comparative Corporate Governance*: A Functional and International Analysis (International Corporate Law and Financial Market Regulation). Cambridge: Cambridge University Press, 2013.

FONTEVECCHIA, A. Chevron Pacts with The Devil, Signs Deal with Argentina's YPF To Develop Massive Shale Field. *Forbes*, 16 maio 2013. Disponível em: https://www.forbes.com/sites/afontevecchia/2013/05/16/chevron-pacts-with-the-devil-signs-deal-with-argentinas-ypf-to-develop-massive-shale-field/#5e06e2272af4. Acesso em: 15 set. 2017.

FRAZÃO, A. O abuso de poder de controle na Lei das Estatais. *In*: FRAZÃO, Ana *et al* (org.). *Estatuto jurídico das estatais*: análise da Lei n. 13.303/2016. Belo Horizonte: Fórum, 2017. p. 107-138.

GELTER, M.; HELLERINGER, G. Opportunity Makes a Thief: Corporate Opportunities as Legal Transplant and Convergence in Corporate Law. European Corporate Governance Institute (ECGI). *Law Working Paper n. 378*, 2017.

GIUSTINIANI, R. Finalmente tenemos en nuestras manos el contrato ypf-chevrón. 7 out. 2017. Disponível em: http://www.rubengiustiniani.com/2016/finalmente-tenemos-nuestras-manos-contrato-ypf-chevron/. Acesso em: 3 out. 2017.

GOMEZ-IBANEZ, J. Alternatives to infrastructure privatization revisited: public enterprise reform from the 1960s to the 1980s. *Policy Research Working Paper n. WPS 4391*, Washington, DC: World Bank, 2007.

GONZALES, P. R.; MILAN, C. CEO of Argentina's Biggest Oil Company Resigns. *Bloomberg*, 28 ago. 2017 Disponível em: https://www.bloomberg.com/news/articles/2017-08-28/ypf-s-ricardo-darre-is-said-to-resign-as-chief-executive-officer. Acesso em: 25 set. 2017.

GRUNDMANN, S.; MOSLEIN, F. Golden shares – state control in privatized companies: comparative law, european law and policy aspects. *Euredia*, 2001-2002/4.

GUIMARÃES, F. BM&FBovespa quer governança mais rígida para estatais. *Estado de São Paulo*, 2 abr. 2015.

GUISLAIN, P. *The Privatization Challenge*: A Strategic, Legal and Institutional Analysis of International Experience. World Bank Regional and Sectoral Studies. Washington, D.C.: The World Bank, 1997.

HOWELL, B. Strategic Interaction Under Asymmetric Regulation: the "Kiwi Share" in New Zealand Telecommunications. *Working Paper Series 4016*, Victoria University of Wellington, The New Zealand Institute for the Study of Competition and Regulation, 2008.

HUBBARD, B.; KIRKPATRICKNOV, D. D. Saudi Arabia Squeezes Detainees as It Tries to Seize Assets. *The New York Times*, 20 nov. 2017.

HUTCHISON, J. Messy Path to Privatization for New Zealand Power Company. *The New York Times*, 8 maio 2013. Disponível em: http://www.nytimes.com/2013/05/09/business/global/09iht-privatize09.html. Acesso em: 15 jun. 2017.

IBGC Notícias. Apenas 17% das estatais listadas no Brasil estão nos segmentos de maior exigência de práticas de governança, mostra pesquisa do *IBGC*, 10 out. 2017.

INDIA INFOLINE. Cabinet approves listing of 11 CPSEs on stock exchanges. 13 abr. 2017. Disponível em: http://www.indiainfoline.com/article/news-top-story/listing-of-11-cpses-on-stock-exchanges-cabinet-approves-listing-of-11-cpses-on-stock-exchanges-117041300374_1.html. Acesso em: 16 abr. 2017.

JADHAV, A. *Dual Class Shares – Is India Ready for it?* India: National Stock Exchange of India Ltd., 2011.

JYOTINDRA, D. Independent directors hard to come by on boards of central PSEs. *Hindustan Times*, 14 nov. 2016. Disponível em: https://www.hindustantimes.com/business-news/independent-directors-hard-to-come-by-on-boards-of-central-pses/story-9NxbPhJUpuUAMnb2OhYTEP.html. Acesso em: 1º jun. 2020.

KANE, K. Size and sectoral distribution of stateowned enterprises main findings of the latest review. Presentation to OECD Steel Committee, 28 september 2017. Disponível em: https://www.oecd.org/industry/ind/Item_6_3_OECD_Korin_Kane.pdf. Acesso em: 27 mar. 2018.

KERR, S. Alwaleed's investment kingdom reels without its prince. *Financial Times*, 12 dez. 2017.

KHANNA, N. Economics Reforms and Pattern of Industrial Growth in India. SSRN Online, 2012.

KHANNA, V. S.; MATHEW, S. J. The Role of Independent Directors in Controlled Firms in India: Preliminary Interview Evidence. *National Law School of India Review*, v. 22, 2010; *U of Michigan Law & Econ, Empirical Legal Studies Center Paper n. 10-025*, 2010. Disponível em: https://ssrn.com/abstract=1690581.

KING COMMITTEE ON CORPORATE GOVERNANCE. *King Report on Corporate Governance for South Africa 2002*. Março 2002. Disponível em: http://library.ufs.ac.za/dl/userfiles/documents/Information_Resources/KingII%20Final%20doc.pdf. Acesso em: 15 jan. 2018.

KINGDOM NEWS. Meet the Top Investors in the Saudi Stock Market: Individuals, Corporates and Government Entities. 1º out. 2017.

KIRANMAI, J.; MISHRA, R. K. Corporate Governance Practices in Listed State-owned Enterprises in India: An Empirical Research. *Indian Journal of Corporate Governance*, v. 12, n. 1, p. 94-121, 2019.

KONER, S. S.; SARKHEL, J. Disinvestment of Public Sector in India: Concept and Different Issues. *IOSR Journal of Economics and Finance* (IOSR-JEF) e-ISSN: 2321-5933, p-ISSN: 2321-5925, v. 3, n. 6, p. 48, May-Jun. 2014.

KRAAKMAN, R. *et al. The Anatomy of Corporate Law*. Oxford: Oxford University Press, 2017.

LANDAY, J.; SHAMSEDDINE, R. Trump backs New York in bourses' battle for Saudi Aramco listing. Reuters, 4 nov. 2017. Disponível em: https://www.reuters.com/article/us-usa-trump-aramco/trump-backs-new-york-in-bourses-battle-for-saudi-aramco-listing-idUSKBN1D40IL. Acesso em: 1º jun. 2020.

LA NACION. Mauricio Macri prometió que YPF y Aerolíneas seguirán siendo estatales. 19 jul. 2015. Disponível em: http://www.lanacion.com.ar/1811860-

-mauricio-macri-prometio-que-ypf-y-aerolineas-seguiran-siendo-estatales. Acesso em: 25 set. 2017.

LA PORTA, R.; LOPEZ DE SILANES, F. & SHLEIFER, A. Corporate Ownership Around the World. *Harvard Institute of Economic Research Paper n. 1840*, 1998. Disponível em: https://ssrn.com/abstract=103130 or http://dx.doi.org/10.2139/ssrn.103130.

LA PORTA, R.; LOPEZ-DE-SILANES, F. & SHLEIFER; A. Corporate Ownership Around the World. *Journal of Finance*, v. 54, n. 2, p. 471, 1999.

LERNER, J.; LEAMON, A. & DEW, S. *The CMA and the Saudi Stock Market Crash of 2006*. Bella Research Group and Capital Market Authority. 2017. Disponível em: https://cma.org.sa/en/Market/Documents/CMA_Crash2006_en.pdf. Acesso em: 25 mar. 2018.

LIS, L. Governo diz não ver clima para vender ativos, e privatização da Eletrobras é adiada para 2021. *G1 Globo*, 22 abr. 2020. Disponível em: https://g1.globo.com/politica/noticia/2020/04/22/governo-diz-nao-ver-clima-para-vender-ativos-e-privatizacao-da-eletrobras-e-adiada-para-2021.ghtml. Acesso em: 28 abr. 2020.

LISTER, M. Property versus shares. *NZ Herald*, 11 nov. 2015. Disponível em: http://www.nzherald.co.nz/business/news/article.cfm?c_id=3&objectid=11543122. Acesso em: 3 out. 2017.

LSE Has Made Strong Case for Aramco Listing: UK PM's Spokesman. *Reuters*, 6 nov. 2017.

LULWA SHALHOUB. Saudi market regulator confirms fines, jail terms in MMG case. *Arab News*, 9 fev. 2017.

MAIA, C. *et al.* Projeto de lei de privatização da Eletrobras é enviado ao Congresso. *Valor Econômico*, 22 jan. 2018.

MARCELINO, Daniel. Congresso: tempo de tramitação cai de mais de mil dias para apenas 15 dias. *Jota*, 25 mai. 2020. Disponível em: https://www.jota.info/legislativo/congresso-tramitacao-aprovometro-25052020. Acesso em 23 ago. 2020.

MARINHO, S. M. M.; SCHAPIRO, M. G. Conflito de interesses nas empresas estatais: uma análise dos casos Eletrobras e Sabesp. *Revista Direito e Práxis*, Rio de Janeiro, 2017.

MARTINEZ, A. G. Opinion: Should securities regulators allow companies going public with dual class shares? *Oxford Law Blog*, 16 jan. 2018.

MCCARTY, M. Life after MOM: "The programme is going to have a continued impact for lawyers". *NZ Lawyer*, 11 abr. 2014. Disponível em: http://www.nzlawyermagazine.co.nz/news/life-after-mom-the-programme-is-going-to-have-a-continued-impact-for-lawyers-186430.aspx. Acesso em: 3 jul. 2017.

McDOWALL, A. Exclusive: Saudi reform plan approved by top economic council. *Reuters*, 5 jun. 2016.

MENDANHA, S. Nova Lei de Responsabilidade acabará com o mundo paralelo das estatais, diz Renan. *Agência Senado*, 1º jun. 2015. Disponível em: http://www12.senado.leg.br/noticias/materias/2015/06/01/nova-lei-de-responsabilidade-acabara-com-mundo-paralelo-das-estatais-diz-renan. Acesso em: 24 jun. 2016.

Meridian Energy Limited Investment Statement and Prospectus. Disponível em: http://www.treasury.govt.nz/downloads/commercial/mixed-ownership-model/mel-2828435.pdf. Acesso em: 5 jul. 2017.

MERTEHIKIAN, E. El caso YPF y el acceso a la información. *Clarín*, 22 nov. 2015. Disponível em: https://www.clarin.com/economia/economia/caso-YPF-acceso-informacion_0_Sy-eb-eFvmg.html. Acesso em: 22 set. 2017.

Mighty River Power Investment Statement and Prospectus. Disponível em: http://www.treasury.govt.nz/downloads/commercial/mixed-ownership-model/mrp-2602129.pdf. Acesso em: 5 jul. 2017.

MILFORD, P. Bankrupt Petersen Energia Blames Argentina in U.S. Lawsuit. *Bloomberg*, 9 abr. 2015. Disponível em: https://www.bloomberg.com/news/articles/2015-04-09/petersen-energia-bankrupt-in-spain-blames-argentina-in-suit. Acesso em: 17 set. 2015.

MILHAUPT, C.; PARGENDLER, M. Governance Challenges of Listed State-Owned Enterprises Around the World: National Experiences and a Framework for Reform. *Cornell International Law Journal*, v. 50, n. 3 (2017 Forthcoming); *European Corporate Governance Institute (ECGI) – Law Working Paper n. 352*, 2017; *FGV Direito SP Research Paper Series n. 155*; *NYU Law and Economics Research Paper n. 17-12*; *Columbia Law and Economics Working Paper n. 566*, 2017. Disponível em: https://ssrn.com/abstract=2942193.

MILHAUPT, C. J.; PISTOR, K. *Law and Capitalism*: What Corporate Crises Reveal about Legal Systems and Economic Development around the World. Chicago: University of Chicago Press, 2008.

MILLAN, C.; MOURA, F. Argentina's Biggest Company Eyes Local Listing If Rules Change. *Bloomberg*, 12 set. 2017.

MINISTRY OF TRANSPORT. Air. 31 de maio de 2017. Disponível em: http://www.transport.govt.nz/air/. Acesso em: 29 jun. 2017.

MISHRA, R. K. *Role of state-owned enterprises in India's economic development. Workshop on State-Owned Enterprises in the Development Process*. OECD Conference Centre: Paris, 4 April 2014.

MPOG Notícias. Planejamento divulga indicador de governança das empresas estatais. *MPOG*, 10 nov. 2017.

NASDAQ. Companies in Argentina. Disponível em: http://www.nasdaq.com/screening/companies-by-region.aspx?region=South+America&country=Argentina&sortname=marketcap&sorttype=1. Acesso em: 21 set. 2017.

NASH, N. Argentina's Oil Company Going Public. *The New York Times*, 28 jun. 1993. Disponível em: http://www.nytimes.com/1993/06/28/business/argentina-s-oil-company-going-public.html?mcubz=3. Acesso em: 21 set. 2017.

NASH, N. Argentine Oil Company Sells $3 Billion in Stock. *The New York Times*, 29 jun. 1993. Disponível em: http://www.nytimes.com/1993/06/29/business/argentine-oil-company-sells-3-billion-in-stock.html?mcubz=1. Acesso em: 25 set. 2017.

NCB. Overview. Disponível em: https://www.alahli.com/en-us/about-us/corporate-profile/pages/ncb-overview.aspx. Acesso em: 14 mar. 2019.

NEJAMKIS, G.; LIFSCHITZ, A. Argentine provinces pull several YPF concessions. *Reuters*, 14 mar. 2012. Disponível em: http://www.reuters.com/article/argentina-ypf/update-5-argentine-provinces-pull-several-ypf-concessions-idUSL2E8EEDVB20120314. Acesso em: 10 set. 2017.

NEW ZEALAND PARLIAMENT. Successful petition triggers a citizens initiated referendum, 2 set. 2013. Disponível em: https://www.parliament.nz/en/get-involved/features-pre-2016/document/00NZPHomeNews201309021/successful-petition-triggers-a-citizens-initiated-referendum.

NEW ZEALAND TREASURY. *Owner's Expectation Manual*. Crown Ownership Monitoring Unit. New Zealand, 2012.

NOTÍCIAS STF. ADI questiona lei que dispõe sobre estatuto jurídico das estatais. *Portal STF*, 5 jan. 2017.

NZ HERALD. Air New Zealand gets Government cash, pays off Ansett. *NZ Herald*, 4 out. 2001. Disponível em: http://www.nzherald.co.nz/nz/news/article.cfm?c_id=1&objectid=220613. Acesso em: 5 out. 2017.

NZ TREASURY. *Budget 2011 Information Release Release Document June 2011*, p. 3.

NZ TREASURY. Mixed Ownership Model Descriptive Information. 15.12.2011, p. 1. Disponível em: https://treasury.govt.nz/sites/default/files/2017-11/momdi-15dec11.pdf. Acesso em: 23 ago. 2020.

OBARRIO, M. El Gobierno planea no pagarle nada a Repsol. *La Nacion*, 23 abr. 2012.

OECD. *Boards of Directors of State-Owned Enterprises*: An Overview of National Practices, Paris: OECD Publishing, 2013a.

OECD. *State-Owned Enterprises in the Middle East and North Africa*: Engines of Development and Competitiveness? Paris: Éditions OCDE, 2013b.

OECD. *OECD Guidelines on Corporate Governance of State-Owned Enterprises*. Paris: OECD Publishing, 2015a.

OECD. *State-Owned Enterprises in the Development Process*. Paris: OECD Publishing, 2015b. Disponível em: http://dx.doi.org/10.1787/9789264229617-en.

OECD. *Board Practices and Financing for Latin American State-Owned Enterprises*. Paris: OECD Publishing, 2015c.

OECD. *Broadening the Ownership of State-Owned Enterprises*: A Comparison of Governance Practices. Paris: OECD Publishing, 2016.

OECD. *The Size and Sectoral Distribution of State-Owned Enterprises*. Paris: OECD Publishing, 2017a. Disponível em: http://dx.doi.org/10.1787/9789264280663-en.

OECD. *Disclosure and Transparency in the State-Owned Enterprise Sector in Asia*. Paris: OECD Publishing, 2017b.

OECD. *Diretrizes da OCDE sobre Governança Corporativa de Empresas Estatais*. Paris: OECD Publishing, 2018.

OECD. *Implementing the OECD Guidelines on Corporate Governance of State-Owned Enterprises*: Review of Recent Developments. Paris: OECD Publishing, 2020.

OMRAN, A. Al. Saudi NCB's $6 Billion IPO Heavily Oversubscribed. *The Wall Street Journal*, 6 nov. 2014. Disponível em: https://www.wsj.com/articles/saudi-ncbs-6-billion-ipo-heavily-oversubscribed-1415265892.

ORDONEZ, R. Em relatórios, Petrobras admite ingerência do governo em suas decisões. *O Globo*, 10 jun. 2016.

PACHECO, F. World's Biggest IPO Got Bigger: Aramco IPO at $29.4 Billion. *Bloomberg*, 12 jan. 2020. Disponível em: https://www.bloomberg.com/news/articles/2020-01-12/world-s-biggest-ipo-got-bigger-aramco-ipo-size-at-29-4-billion. Acesso em: 21 abr. 2020.

PANDE, S. Position and Rights of Minority Shareholders in Listed State Owned Enterprises (SOEs) – Experiences and Lessons from India, 2012. Disponível em: https://ssrn.com/abstract=2149566 ou http://dx.doi.org/10.2139/ssrn.2149566.

PANDE, S. Listed State Owned Enterprises (SoEs) and the Treatment of Minority Shareholders – Case Studies from India, 2015.

PANDE, S.; ANSARI, V. Effectiveness of Independent Directors on the Boards of Indian Listed Companies – Are the Recent Regulatory Changes Enough? 2013.

PARGENDLER, M. The Unintended Consequences of State Ownership: The Brazilian Experience. *Theoretical Inquiries in Law*, v. 13, n. 2, The Cegla Center for Interdisciplinary Research of the Law, 2012a.

PARGENDLER, M. State Ownership and Corporate Governance. *Fordham Law Rev.*, v. 80, n. 6, 2012b.

PARGENDLER, M. O Estado brasileiro como acionista. *In*: PARGENDLER, M. *Evolução do direito societário*: lições do Brasil. São Paulo: Saraiva, 2013.

PARGENDLER, M. The Corporate Governance Obsession. *Journal of Corporation Law*, v. 42, n. 2, p. 359-402, 2016.

PARGENDLER, M.; MUSACCHIO, A. & LAZZARINI, S. G. In Strange Company: The Puzzle of Private Investment in State-Controlled Firms. *Cornell International Law Journal*, v. 46, n. 3, article 3, 2013.

PENG, M. W.; BLEVINS, D. P. Why Do Chinese Firms Cross-List in The United States? *In*: RASHEED, A. A.; YOSHIKAWA, T. (ed.). *The Convergence of Corporate Governance*. London: Palgrave Macmillan, 2012.

PETROBRAS. Comunicados e fatos relevantes: Aprovação do Regimento Interno do Comitê de Minoritários. 24 jan. 2017. Disponível em: https://www.investidorpetrobras.com.br/resultados-e-comunicados/comunicados-ao-mercado/. Acesso em: 23 ago. 2020.

PINTO JR., M. E. *Empresa estatal*: função econômica e dilemas societários. 2. ed. São Paulo: Atlas, 2013.

PINTO JR., M. E. Exercício do controle acionário na empresa estatal comentários a decisão da CVM no caso Eletrobras (Exercise of Shareholder Control Over State Own Enterprises: Comments About CVM's Decision in Eletrobras Case). *FGV Direito SP Research Paper Series n. 144*, 2016.

PORTER, J. Paper: Banco Hipotecario on the brink of nationalization. *BN America News*, 3 mar. 2009.

PRESIDENCIA DE LA NACIÓN. Lineamiento de Buen Gobierno para Empresas de Participación Estatal Mayoritária de Argentina. 2018. Disponível em: http://www.saij.gob.ar/lineamientos-buen-gobierno-para-empresas-participacion-estatal-mayoritaria-nv19125-2018-02-09/123456789-0abc-521-91ti-lpssedadevon? Acesso em: 21 abr. 2020.

PUCHNIAK, D. W.; VAROTTIL, U. Related Party Transactions in Commonwealth Asia: Complexity Revealed. *NUS Law Working Paper n. 014*, 2018.

PWC. *State-Owned Enterprises Catalysts for public value creation?* PWC, 2015.

RAVAL, A. Saudi Aramco looks for patriotic IPO support close to home. *Financial Times*, 22 nov. 2019. Disponível em: https://www.ft.com/content/0e9b9952-0b-78-11ea-b2d6-9bf4d1957a67. Acesso em: 22 jan. 2020.

REDDY, K. The efficacy of the principle-based corporate governance practices: a case study of New Zealand. *Int. J. Corporate Governance*, v. 4, n. 2, 2013.

REED, S.; MINDER, R. Repsol in $5 Billion Settlement with Argentina. *The New York Times*, 25 fev. 2014. Disponível em: https://www.nytimes.com/2014/02/26/

business/international/repsol-said-to-reach-settlement-with-argentina.html?mcubz=1. Acesso em: 20 set. 2017.

RESERVE BANK OF NEW ZEALAND. *2015* Bulletin. *Bulletin*, v. 78, n. 3, May 2015. Disponível em: https://www.rbnz.govt.nz/-/media/ReserveBank/Files/Publications/Bulletins/2015/2015may78-3.pdf. Acesso em: 3 out. 2017.

REUTERS STAFF. Argentina's Petersen Group in default: SEC filing. *Reuters*, 16 maio 2012. Disponível em: http://www.reuters.com/article/us-argentina-petersen-ypf/argentinas-petersen-group-in-default-sec-filing-idUSBRE84H12920120518. Acesso em: 20 set. 2017.

REUTERS STAFF. MIDEAST MONEY-High costs, foreign troubles challenge Saudi telecom giant. *Reuters*, 26 jun. 2013.

REUTERS STAFF. UPDATE 2-Saudi Aramco IPO unlikely to require rule changes says regulator. *Reuters*, 6 dez. 2016. Disponível em: https://www.reuters.com/article/saudi-aramco-ipo-regulations/update-2-saudi-aramco-ipo-unlikely-to-require-rule-changes-says-regulator-idUSL5N1E12VM.

REUTERS STAFF. Value of Saudi sovereign fund jumps amid market turmoil. *Reuters*, 14 nov. 2017. *Financial Times*, 13 dez. 2017.

REUTERS. B3 estreia programa de governança de estatais com Petrobras e BB. *Reuters*, 3 ago. 2017.

RITTNER, D. Lei não altera o loteamento político de estatais. *Valor Econômico*, 6 abr. 2017.

RITTNER, D.; PUPO, F. & BITENCOURT, R. Governo prevê R$ 44 bi de investimentos com privatizações e concessões. *Valor Econômico*, 23 ago. 2017.

ROE, M. J. Legal Origin and Modern Stock Markets. *Harvard Law Rev.*, v. 120, n. 2, p. 460-527, 2006.

RUTHERFORD, H. Government to ignore asset sales referendum. *Stuff*, 12 mar. 2013. Disponível em:

SABIC. Conflicts of Interest Policy. 15 maio 2017. Disponível em https://www.sabic.com/assets/en/Images/Conflict%20of%20Interest%20Policy%20Eng%20%2008-05-2019_tcm1010-12435.pdf. Acesso em: 23 ago. 2020.

SANZ, J. C. El día que Cristina reclamó votar a favor de la privatización de YPF. *Clarín*, 4 abr. 2012. Disponível em: https://www.clarin.com/economia/cristina-reclamo-votar-privatizacion-ypf_0_HyFqqS3wml.html. Acesso em: 21 set. 2017.

SAUDI ELECTRICITY COMPANY. Prospectus. Parte 1. 28 jan. 2014.

SCHAPIRO, M. G. Repensando a relação entre Estado, direito e desenvolvimento: os limites do paradigma *rule of law* e a relevância das alternativas institucionais. *Rev. Direito GV* [online], v. 6, n. 1, 2010.

SCIARRETTA, T. Sob pressão de Dilma, BB diminui juros. *Folha de S.Paulo*, 5 abr. 2012.

SEAWRIGHT, J. Case-Selection Techniques in Case Study Research: A Menu of Qualitative and Quantitative Options. *Political Research Quarterly*, v. 61, p. 294-308, 2008.

SHLEIFER, A. State versus Private Ownership. *Journal of Economic Perspectives*, v. 12, n. 4, p. 133-150, 1998.

SUPREME COURT OF NEW ZEALAND. Media Release: The New Zealand Maori Council and Others v The Attorney-General and Others (SC 98/2012). *NZSC* 6, 27 fev. 2013. Disponível em: https://www.courtsofnz.govt.nz/cases/the-new-zealand-maori-council-v-the-attorney-general-2. Acesso em: 23 ago. 2020.

TASKFORCE ON CORPORATE GOVERNANCE AND BANGLADESH ENTERPRISE INSTITUTE. *The Code of Corporate Governance for Bangladesh*: Principles & Guidelines for best practices in the private sector, financial institutes, state-owned enterprises and non-governamental organizations, mar. 2004.

TBD ADVISORY. *A Review of the Mixed Ownership Model*. New Zealand. Julho, 2018.

TCU decide apurar atos dos Conselhos de Administração e Fiscal da Petrobras. *O Estado de São Paulo*, 18 mar. 2015.

THE ECONOMIC TIMES. 464 non-official director posts vacant in CPSEs, PSBs. *India Times*, 10 mar. 2017. Disponível em: http://economictimes.indiatimes.com/articleshow/57576350.cms?utm_source=contentofinterest&utm_medium=text&utm_campaign=cppst. Acesso em: 5 jun. 2017.

THE ECONOMIST. Fill'er up. 21 abr. 2012. Disponível em: http://www.economist.com/node/21553070. Acesso em: 4 set. 2017.

THE ECONOMIST. Flogging a Dead Cow: The recently nationalised oil company agrees on a big foreign investment. 27 jul. 2013. Disponível em: https://www.economist.com/news/americas/21582304-recently-nationalised-oil-company-agrees-big-foreign-investment-flogging-dead-cow. Acesso em: 20 set. 2017.

THE ECONOMIST. Dead-cow bounce. 23 ago. 2014. Disponível em: https://www.economist.com/news/americas/21613314-politics-biggest-hurdle-developing-enormous-vaca-muerta-field-dead-cow-bounce. Acesso em: 23 set. 2017.

THE ECONOMIST. Most of India's state-owned firms are ripe for sale or closure. 1º jun. 2017. Disponível em: https://www.economist.com/news/business/21722860-privatisation-and-politics-sit-poorly-together-most-indias-state-owned-firms-are-ripe. Acesso em: 3 out. 2017.

THE ECONOMIST. Socialism for foes, capitalism for friends. 25 fev. 2010. Disponível em: http://www.economist.com/node/15580245. Acesso em: 3 out. 2017.

THE ECONOMIST. The prospects for the world's biggest IPO. 24 jun. 2017. Disponível em: https://www.economist.com/news/business/21723872-saudi-aramco-cannot-be-seen-isolation-kingdom-it-funds-prospects-worlds. Acesso em:

THE GENESIS ENERGY SHARE OFFER. 2014. Disponível em: https://treasury.govt.nz/sites/default/files/2017-11/gel-2943802.pdf. Acesso em: 23 ago. 2020.

THE TREASURY. *Departmental Report on the Mixed Ownership Model Bill*. s.d. Disponível no *site* do parlamento neozelandês: https://www.parliament.nz/resource/mi-nz/50SCFE_ADV_00DBHOH_BILL11223_1_A241106/88a871ad66c02c-52f25598a9416f501dced3e762. Acesso em: 7 fev. 2018.

THE TREASURY. Mixed Ownership Model for Crown Companies. 27 mar. 2018. Disponível em: http://www.treasury.govt.nz/publications/informationreleases/mixedownership. Acesso em: 14 nov. 2016.

TINOCO, P. P.; ROSSI, G. A. S. & PORTUGAL, G. T. Remuneração dos Executivos das Companhias Estatais e Privadas de Energia Elétrica com Maiores Ativos Listadas na BM&FBOVESPA. *Contabilidade, Gestão e Governança*, v. 18, n. 3, p. 142-161, 2015.

TIWARI, D. PSU employees may be able to buy more shares of their company. *India Times*, 28 jul. 2016.

TIWARI, S. *Disinvestment Programme in India*. New Delhi: Sarup, 2006.

TOLEDO, L. Apesar de lei, estatais sofrem para barrar indicações políticas. *Exame*, 19 abr. 2017.

TURNER, T. Argentina's YPF says it's meeting NYSE rules. *Market Watch*, 29 jun. 2012.

U.S. COMMERCIAL SERVICE. *Doing Business in Saudi Arabia 2017 Country Commercial Guide for U.S. Companies*. U.S. & Foreign Commercial Service and U.S. Department of State. 2016.

U.S. DEPARTMENT OF STATE. *Argentina Investment Climate Statement 2015*. Jun. 2015.

US STATE DEPARTMENT'S OFFICE OF INVESTMENT AFFAIRS. *Investment Climate Statement. Saudi Arabia – 7-State-Owned Enterprises*, 2017. Disponível em: https://www.state.gov/reports/2017-investment-climate-statements/saudi-arabia/. Acesso em: 23 ago. 2020.

USA INTERNATIONAL BUSINESS PUBLICATIONS. Saudi Arabia Central Bank & Financial Policy Handbook (World Business, Investment and Government Library). *Intl Business Pubns USA*, 2005.

VAGLIASINDI, M. Governance Arrangements for State Owned Enterprises. *Policy Research Working Paper 4542*, The World Bank Sustainable Development Network, March 2008.

VAROTTIL, U. Corporate Governance in State-Owned Enterprises. *NSE Centre for Excellence in Corporate Governance*, n. 9, 2015 Disponível em: https://www1.nseindia.com/research/content/res_QB9.pdf. Acesso em: 2 out. 2017.

VAROTTIL, U. The Evolution of Corporate Law in Post-Colonial India: From Transplant to Autochthony. *NUS – Centre for Law & Business Working Paper n. 15/01*, 2015.

WEBBER, J. Argentina moves to nationalise pension funds. *Financial Times*, 28 nov. 2008. Disponível em: https://www.ft.com/content/d428857e-b77c-11dd-8e01-0000779fd18c. Acesso em: 18 set. 2017.

WILSON, J. Short History of Post-Privatisation in New Zealand. *New Zealand Treasury*, 2010. Disponível em: https://treasury.govt.nz/sites/default/files/2017-11/mom-shppnz-wilson-dec10.pdf. Acesso em: 1º jun. 2020.

WIÑAZKI, N. Los papeles de Ducler revelan la trama oculta de los fondos de Santa Cruz. *Clarín*, 3 jun. 2017. Disponível em: https://www.clarin.com/politica/papeles-ducler-revelan-trama-oculta-fondos-santa-cruz_0_Hk8IRoezb.html. Acesso em: 14 set. 2017.

WORLD BANK. *Doing Business 2018*: reforming to create jobs. Doing Business 2018. Washington, D.C.: World Bank Group, 2017.

YPF SOCIEDAD ANÓNIMA. *Form-20*. United States Securities and Exchange Commission. Ano fiscal terminado em 31 de dezembro de 2016. Disponível em: https://www.sec.gov/Archives/edgar/data/904851/000119312517115552/d361809d20f.htm. Acesso em: 3 out. 2017.

ZACHARIAH, Z. Sebi seeks changes in Companies Act; independent directors' ouster may get tougher now. *India Times*, 12 jun. 2017. Disponível em: http://economictimes.indiatimes.com/articleshow/59099740.cms?utm_source=contentofinterest&utm_medium=text&utm_campaign=cppst. Acesso em: 12 out. 2017.